AF312834

HISTOIRE

DE LA DISPOSITION

ET

DES FORMES DIFFERENTES

Que les Chrétiens ont données à leurs Temples, depuis le Règne de Constantin le Grand, jusqu'à nous.

Par M. LEROY, Historiographe de l'Académie Royale d'Architecture, & Membre de l'Institut de Bologne.

A PARIS,

Chez **DESAINT & SAILLANT**, Libraires, rue Saint Jean de Beauvais.

M. DCC. LXIV.

AVEC PERMISSION.

HISTOIRE
DE LA DISPOSITION

ET

DES FORMES DIFFERENTES

Que les Chrétiens ont données à leurs Temples, depuis le règne de Constantin le Grand, jusqu'à nous.

INTRODUCTION.

E spectacle de l'Univers, la reconnoissance qu'inspire à l'homme tout ce que la Nature infiniment variée, semble ne produire que pour lui, l'ont naturellement porté à honorer le Créateur. Livré même à l'Idolatrie la plus absurde, il a élevé les Edifices sacrés les plus superbes, & les Temples dont il a couvert la Terre, font les preuves les plus frappantes de la hardieffe & de l'élévation de fon génie. Qui peut confidérer en effet, fans être frappé d'admiration comment cet être, fi inférieur en grandeur & en force aux animaux qu'il dompte, cherchant d'abord comme eux dans les forêts, dans le creux des rochers, dans le fein de la terre même, un abri contre les injures de l'air, eft parvenu à élever des Edifices fi vaftes, monumens éclatans de fon refpect pour la Divinité?

Le Temple de Jupiter, à Thebes dans la Haute Egypte, avoit plus de quatorze cens pieds de long, trois cens cinquante de large, & trois mille cinq cens de tour; comme on le voit par l'étendue immenfe que couvre fes ruines. Ses colonnes avoient fept pieds de diamètre, & elles étoient formées, ainfi que les plafonds qu'elles foutenoient, par des blocs de Granit & de Marbre d'une grandeur prodigieufe. Les Temples de Belus, de Salomon, de Jupiter à Athènes, du Soleil à Palmyre, renfermoient chacun dans les murs de leur enceinte plus d'étendue que n'en ont nos places les plus vaſtes. La Baſilique de Saint Pierre de Rome & la Colonade circulaire qui la précéde, nous offrent encore un exemple plus frapant de la grandeur des entrepriſes que l'homme eſt capable d'exécuter ; elles ont enſemble ſeize cens pieds de longueur, & quatre mille de circuit.

Ces Temples les plus magnifiques qui ayent été élevés, comparables entr'eux par leur immenſité, ont cependant dans leur forme des variétés, qui bien obſervées, peuvent jetter quelques lumieres ſur les progrès des Arts, dont l'Hiſtoire forme une des parties la plus intéreſſante de celle de l'eſprit humain. Peu ſenſibles pendant le cours d'un petit nombre d'années, ſouvent ces variétés ne deviennent frappantes qu'après la révolution de quelques ſiècles : la Nature produit rarement de ces génies créateurs, aſſez hardis pour franchir la barriere que la coûtume & l'envie oppoſent ſans ceſſe aux penſées nouvelles les plus heureuſes.

Avant de faire voir par quelle ſucceſſion d'idées, les Chrétiens ſont parvenus à donner à leurs Temples la forme que nous leur voyons, jettons un coup d'œil ſur leur enſemble, comparons les avec ceux des anciens Peuples qui fe font diftingués particulierement dans l'Architecture.

Les Temples des Egyptiens n'offrent en général dans leur plan, comme on en peut juger par l'Ouvrage de Pocoke, Voyageur Anglois, qu'un grand paralello-grame divifé dans l'intérieur par des quar-rés, ou d'autres paralellogrames de diffé-rentes proportions. L'ignorance où ils étoient de la maniere de faire des voûtes, les empêcha peut-être d'en exécuter de circulaires. Plus verfés dans cet Art, mais moins éclairés que nous ne le fom-mes, les Grecs & les Romains ne firent pas, fi on en excepte le Pantheon à Rome, des Temples ronds très-confidé-rables. Attachés avec une efpece de ref-pect à la forme fimple & rectangulaire, qu'à l'imitation de leurs cabanes, ils avoient donnés aux premiers Temples qu'ils éleverent à leurs Divinités; ils s'ef-forcerent de la relever, par tout ce que l'Architecture peut étaler de magnificen-ce. Ils décorerent les plus grands de fu-perbes colonnades intérieurement & ex-térieurement, ils les environnerent d'en-ceintes vaftes, ornées auffi de periftiles: & fi le corps du Temple n'avoit ni une

grande étendue, ni une grande élévation, la décoration extérieure, parfaitement bien liée avec celle de l'intérieur,
formoit un tout ensemble admirable.

Nos plus belles Eglises, moins heureusement disposées à quelques égards, ont
cependant aussi des beautés que n'avoient
pas ces Temples que les Payens s'hono-
roient d'avoir construits. Les formes quarrées & les formes circulaires, employées
presque toujours séparément dans ces
derniers, sont réunies avec grace dans
nos Basiliques. Nous couvrons des Nefs
qui ont quatre-vingt pieds de largeur,
nous élevons à leur centre de réunion des
Dômes d'un diamettre bien plus considérable, & dont les voûtes semblent
toucher aux nues : & nous éclairons avec
un Art infini, toutes les parties de ces
vastes édifices. Voyons par quels dé-
grés nous sommes parvenus à cette hardiesse de construction, que nous n'admirons peut-être pas assez, & à laquelle
les Anciens n'ont jamais atteint. Voyons
comment cette construction perfectionnée & embellie, peut rendre nos Eglises
supérieures à tous les Temples qu'on a
élevés avant nous.

Le tableau que nous allons offrir, des changemens que la forme de nos Eglifes a éprouvé, depuis la premiere, bâtie par Conftantin le Grand, jufqu'à celle de Sainte Genevieve & de la Madeleine qu'on conftruit à Paris fous la protection du Roi, ne préfentera que des defcriptions générales & peu détaillées. Plus étendues, elles couperoient la chaîne que nous voulons fuivre, & ne fatisferoient pas encore les lecteurs, curieux de connoître à fonds ces monumens. Une figure, quelque petite qu'elle foit fait mieux connoître & plus promptement la difpofition d'un édifice, que le difcours le plus clair : c'eft ce qui m'a déterminé à faire graver à la fin de cette Hiftoire, dans un ordre chronologique, & à peu près fur la même échelle, la fuite de tous les Temples dont j'ai occafion de parler. Le nom gravé au-deffus du plan de chaque Edifice, nous éviteront la peine d'y renvoyer dans la fuite de cet Ouvrage.

ARTICLE PREMIER.

De la disposition des Eglises, depuis leur origine, jusqu'à la renaissance des Arts en Italie.

LA facilité ou les obstacles que les différentes Religions ont trouvé à s'étendre dans leur origine, le zèle avec lequel des Princes puissans ou des Nations entieres les ont embrassées, ou les contradictions qu'elles ont éprouvées, paroissent les principales causes de la différence qu'on observe entre la capacité de l'intérieur des Edifices élevés au vrai Dieu, & celle des Temples consacrés aux fausses Divinités des Payens.

Les diverses Religions des Peuples qui ont brillé par leurs connoissances dans l'Architecture, s'établirent insensiblement & sans contradiction, au sein d'Etats florissants. Les sacrifices les plus solemnels se faisoient quelquefois en plein air, devant les Temples, au milieu des Villes, ou hors de leurs murailles à la vue de tous les Habitans. Il suffisoit souvent que l'intérieur de ces Temples contînt les Prêtres & les Images des Divinités qui y étoient révérées ; & les Peuples qui les élevoient, pouvoient, sans les faire extrêmement vastes, les décorer extérieurement avec la plus grande magnificence.

La Religion Chrétienne au contraire, qui devoit avec le tems triompher de toutes les autres, persécutée dans son origine, n'osa d'abord se montrer au grand jour. Peu d'hommes, à l'exemple des Apôtres, hasarderent leur vie pour publier la vérité, repoussée par la force & par les supplices. Les premiers Chrétiens cachés sous terre, dans ces catacombres lugubres qu'ils partageoient avec la mort, y célébroient en secret les Mystères de notre Religion. Tirés par Constantin le Grand de ces retraites affreuses, ils firent rassemblés par cet Empereur dans quelques-uns de ces édifices, appellés Basiliques par les Anciens, & où ils rendoient la Justice. A l'abri dans ces monumens spacieux, fermés & bien éclairés, (où ils célébroient nos Mysteres) des insultes qu'ils pouvoient craindre au milieu d'un peuple qui les avoit perfécutés fi longtems ; ils durent penfer à fe procurer les mêmes avantages dans les premiers Temples qu'ils conftruifirent. Et comme il étoit important que leur capacité ne fût pas bornée à contenir feulement les Prêtres qui les deffervoient, ainfi que l'étoit celle de la plûpart des Temples des Payens, mais qu'il falloit encore qu'ils fuffent affez grands pour contenir tous les Fideles qui étoient à Rome ; ils ne trouverent cet avantage que dans l'immenfité de l'intérieur des Bafiliques. Ils les imiterent donc dans la forme qu'ils donnerent à leurs Eglifes ; & foit qu'ils ne cruffent pas devoir changer le nom de ces Edifices qui leur avoient d'abord fervi d'afyles, foit qu'ils ne cruffent pas devoir défigner par un nom nouveau des Temples qui reffembloient fi parfaitement par leur difpofition, à ces Bafiliques ; ils en donnerent le nom dans la fuite aux Eglifes qu'ils bâtirent, & les plus belles de celles qu'on voit à Rome le portent encore à préfent.

De la premiere Eglise des Chrétiens, ou *l'ancienne Basilique de Saint Pierre.*

Entre les différentes Eglises que l
Chrétiens construisirent sur le modèle (
ces Basiliques où l'on rendoit la Justice,
premiere fut bâtie à Rome l'an 326 de n
tre Ere (1) par Constantin le Grand. Cet
Eglise, dédiée à S. Pierre, étoit situe
dans le même lieu où Anaclete, Di
ciple de cet Apôtre, lui avoit élevé f
sa tombe *une Mémoire*, petit monume
qui, dans l'origine du Christianisme, su
fisoit pour rappeller la piété des Fidele
mais qui ne méritoit pas cependant le no
d'Eglise. Ce Prince assez bien afferr
dans son Empire pour faire peu de c
de ce que penseroient le Sénat & ceu
de ces Sujets qui suivoient la Religi
des Gentils, voulut donner par là u
preuve éclatante de son zèle pour la R

(1) Voyez sur cette époque ce qui est dit da
les Mémoires Historiques de la Coupole de Sai
Pierre, du Marquis de Poleny, pag. 8, 9 & 10 où (
Auteur paroît très-bien prouver que le Cardinal Bar
nius, Bonanny, Fontana & d'autres Auteurs ont
tort de fixer la fondation de cette Eglise à l'
324 : entre les divers argumens que M. le Marq
de Poleny employe, il s'appuie avec beaucoup de vr
semblance sur ce que ce fut l'an 326 que Constant
donna les preuves les plus fortes de son attacheme
au Christianisme.

ligion Chrétienne. On ne prit point pour modele dans cet édifice, la forme des Bafiliques les plus fimples, (telles que les exécuterent les anciens Romains) qui ne préfentoient dans leur plan qu'un quarré long, divifé dans fa largeur par deux files de colonnes en trois efpaces. Pour répondre aux grandes vues de Conftantin, on copia celles que l'accroiffement de Rome avoit forcé d'augmenter confidérablement, & qui offroient un intérieur très-vafte & très-magnifique.

L'ancienne Eglife de Saint Pierre étoit donc divifée dans fa longueur, précifément comme ces derniers Edifices, par quatre files de colonnes qui formoient cinq efpeces de promenoirs. Le plus grand qui occupoit le milieu, compofoit la nef, les quatre inférieurs, les bas côtés. Ces Promenoirs dirigés du couchant au levant, alloient aboutir, vers le fond de l'édifice, à une feconde nef tranfverfale, qui s'étendoit du midi au feptentrion; & on avoit encore ouvert dans celui des côtés de cette nef qui étoit le plus reculé, une grande niche circulaire qui, avec les deux nefs qui fe coupoient perpendiculairement, donnoit au plan de cette Eglife, une forme de croix imparfaite.

Telle étoit la diſpoſition générale de ce premier Temple des Chrétiens, impoſant par ſa grandeur; il auroit été un des plus ſuperbes qu'on eût vu, ſi la beauté de ſa décoration avoit répondu à celle des matériaux dont il étoit formé. Plus de deux cens colomnes, entre leſquelles on en remarquoit douze de marbre de Candie, qu'on croit avoir ſervi au Temple de Salomon, ornoient ſon intérieur; on en comptoit quarante-huit dans les deux côtés de la nef, & quarante-quatre dans les bas côtés; le plafond qui portoit ſur les grands murs (percés de croiſées) qu'elles ſoutenoient, étoit compoſé de poutres recouvertes de bronze qui avoient été enlevés du Temple de Jupiter Capitolin.

Conſtantin qui avoit ordonné de conſtruire la Baſilique de Saint Pierre avec tant de magnificence, pendant qu'il célébroit à Rome la vingtiéme année de ſon règne, deſira encore qu'elle fût un témoignage autentique de ce qui avoit donné lieu à ſa converſion. Il voulut que ſon plan repréſentât une croix, en l'honneur de cette Croix merveilleuſe qu'il vit en l'air lorſqu'il vainquit Maxence. L'idée

heureuſe qu'avoit eue ce Prince , de ca-
ractériſer nos Egliſes, en leur donnant une
forme ſi révérée des Chrétiens , quoique
mal exécutée d'abord , comme nous l'a-
vons dit , ne fut cependant pas infructueu-
ſe. Quelques ſiécles après on l'exprima
plus parfaitement , & les efforts qu'on fit
pour y parvenir, & pour donner aux Sanc-
tuaires de nos Egliſes l'élévation & la
dignité qu'ils doivent avoir, produiſirent
les premiers eſſais de la penſée la plus
grande qu'ayent eu les Modernes en Architecture, celle de ſoutenir en l'air ſur
les arcs immenſes de leurs nefs des Dômes
ou des Temples ronds auſſi vaſtes que les
plus grands de ceux que les Anciens ont
exécutés.

De l'invention des Coupoles qui couvrent le Sanctuaire des Egliſes.

» Le Siege de l'Empire Romain ayant
» été transféré à Conſtantinople, il y a
» lieu de préſumer que la diſpoſition de
» l'ancien ſaint Pierre, eſtimée alors la
» plus belle Egliſe du monde, fut imitée
» dans celle que Conſtantin fit élever
» dans ſa nouvelle Capitale, ſous le
» nom de ſainte Sophie. Cette derniere

» ne fubfifta pas longtems ; Conftantius,
» fils de Conftantin, en fit rebâtir une
» nouvelle qui éprouva les plus fâcheux
» accidens ; détruite en partie, & répa-
» rée fous l'Empire d'Arcadius, elle fut
» encore brûlée fous Honorius, & réta-
» blie par Théodofe le jeune ; mais enfin
» une fédition furieufe s'étant élevée du
» tems de Juftinien, elle fut réduite en
» cendres. Cet Empereur ayant appaifé
» la fédition, & voulant immortalifer
» fon nom par les édifices qu'il fit élever
» en Europe, en Afie & dans plufieurs
» lieux de l'Afrique, fit venir de toutes
» parts les plus célebres Architectes.

  » Anthemius de Thralles, & Ifidore
» de Milet, parurent furpaffer tous les
» autres en capacité ; ils conçurent le
» deffein de conftruire un Temple qui
» furpaffât de beaucoup en grandeur tous
» ceux qui avoient été faits, & réfolu-
» rent de n'y point employer de bois,
» afin de le mettre à l'abri des incendies.
» Comme ils eurent la hardieffe de ten-
» ter une conftruction inconnue jufqu'a-
» lors, ils effuyerent, ainfi que tous les
» Inventeurs, des traverfes ; il arriva à
» leur édifice bien des accidens qu'ils n'a-

» voient pas prévus ; mais enfin ils eu-
» rent la gloire de l'achever , & sa dis-
» position fut trouvée si belle, qu'elle fut
» approuvée & imitée depuis par les
» Nations les plus éclairées, & par les
» Peuples les plus barbares de l'Europe.
» En effet, quand on entre dans l'inté-
» rieur de sainte Sophie, on est frappé
» d'admiration par sa grandeur & par la
» beauté de son ensemble ; & on est peu
» surpris que Justinien se glorifia tant de
» l'avoir élevée, qu'il s'écria dans un trans-
» port de joie : *Je t'ai surpassé, Salomon !*

» Quelques éloges cependant que
» mérite sainte Sophie , par la décou-
» verte qui y fut faite de cette voûte im-
» mense élevée au centre de la croix
» qu'elle forme, & dont le plan circu-
» laire qui porte sur le plan quarré de la
» partie d'en-bas du dôme, est racheté
» aux angles du quarré, & soutenu par
» des pendentifs (1), nous sommes cepen-
» dant forcés de reconnoître qu'il est des

(1) Pendentif, terme de l'Art, qu'on n'a pu éviter
de répéter souvent, signifie la partie qui est entre les
arcs des nefs de la croisée d'une Eglise, & qui s'a-
vance pour recevoir l'entablement circulaire qui cou-
ronne ces arcs. Aux Invalides, sur ces pendentifs, on
voit les quatre Peres de l'Eglise qu'on y a peints. C'est
d'après les observations que j'ai faites à Constanti-
nople sur cette Mosquée, que je parle si affirmative-
ment de sa construction.

» fiecles où les Princes, quelques grands
» qu'ils foient, quelques dépenfes qu'ils
» faffent, ne peuvent produire que des
» ouvrages imparfaits. Le monument
» dont nous parlons en eft un exemple
» frappant, tous les détails de fon Archi-
» tecture font très-défectueux. »

Les Arts déja déchus fous le premier
Empereur Chrétien, de la perfection où
ils avoient atteints fous fes Prédécef-
feurs, dégénérerent encore pendant l'efpace de tems qui s'écoula entre fon Regne & celui de Juftinien. Ils tomberent
quelques fiecles après dans une telle barbarie, que les Vénitiens qui copierent
avec affez de fageffe dans S. Marc, ce que
la difpofition de fainte Sophie avoit d'heureux, ne purent auffi fe défendre d'imi-
ter le mauvais goût qui régnoit dans fa
décoration intérieure. Auffi ne parle-
rions-nous pas de faint Marc fans les lumieres que fa difpofition peut répandre
fur l'Hiftoire de celle des Temples. L'E-
glife qui porte aujourd'hui ce nom à Venife, n'eft pas celle qui fut élevée dans
cette Ville l'an 829. Dans le foulevement
général qui porta les Vénitiens à maffa-
crer Candiano & fon fils l'an 976, elle

fut

fut confumée par les flammes qui dévorerent le Palais de ce Doge : détruite
précifément de la même maniere que l'avoit été celle qui avoit été élevée d'abord à Conftantinople fous le nom de
fainte Sophie. Urféolo Ier qui en fit reconftruire une nouvelle à fes dépens ,
penfa peut-être à la mettre comme le monument dont Juftinien fe glorifioit le plus,
à l'abri des incendies. Conftantinople ,
dont tous les Edifices ne nous paroiffent
guères à préfent préférables aux ouvrages
des Gots , donnoit alors dans les Arts
des Loix à l'Europe. Urféolo fit faire dans
cette Ville un Tableau d'Orfévrerie d'une
richeffe extraordinaire , & d'un travail
merveilleux, qu'il donna pour fervir d'ornement au principal Autel de faint Marc.
Les Architectes Grecs étoient fi renommés en Italie dans ces fiecles peu éclairés , qu'au commencement du onziéme,
& par conféquent peu de tems après la
conftruction de faint Marc , la République de Pize en fit venir un célèbre nommé *Bufquetto da Dalichio* , pour lui faire
conftruire l'Eglife Cathédrale ou le Dôme
de cette Ville. Enfin la reffemblance
qu'on obferve entre ces deux Edifices ,

B

prouve d'une maniere incontestable, que faint Marc a été copiée en parties d'a-près fainte Sophie ; fi la forme de croix n'eft pas bien exprimée à préfent dans le plan de la derniere, elle l'étoit beaucoup mieux quand Anthenius l'eut finie , & l'Architecte qui conftruifit faint Marc , étoit peut-être inftruit de l'accident qui lui avoit fait perdre fa difpofition primi-tive. Or quand on fuppoferoit qu'il ne l'eût pas été , rien ne l'empêchoit, en confervant toute la difpofition du milieu de fainte Sophie, de donner à fon Eglife cette forme , en ouvrant quatre nefs fous les quatre arcs du milieu, & en leur don-nant le rapport de longueur que doivent avoir entr'eux les différens bras d'une croix Grecque bien proportionnée com-me il l'a fait. L'Eglife de faint Marc a donc l'avantage d'être la premiere en Italie qu'on ait conftruite avec des pen-dentifs qui foutiennent la voûte du mi-lieu, de préfenter beaucoup mieux dans fon plan la forme de croix, qu'on ne l'a-voit fait auparavant, d'avoir eu la pre-miere au-deffus des cinq coupoles qui couvrent le centre de cette Eglife & les différens bras de fa croix, de doubles

calottes, dont les voûtes font un effet
agréable dans l'intérieur de l'Eglife, &
préfentent à l'extérieur l'afpect de Dômes
d'une forme plus élevée que celle que
leur donnoient les Anciens, & à peu
près femblable à celle que leur donnent
les Modernes ; enfin d'offrir même l'idée
qu'on a imitée depuis dans faint Pierre
de Rome, de faire accompagner le grand
Dôme, d'une Eglife par des Dômes plus
petits & inférieurs, afin de leur donner
un effet piramidal.

ARTICLE II.

De la difpofition des Temples des Chré-
tiens, depuis le tems où les Arts com-
mencerent à renaître en Italie, jufqu'à la
fin du Siecle de Louis XIV.

LE s Arts ont eu le même fort que les
Lettres, les fiecles des plus beaux
ouvrages ont été préparés par les travaux
obfcurs & pénibles des fiecles qui les
ont précédés. Des idées heureufes liées
avec les idées les plus bifarres, des
traits de génie méconnus ou peu apper-

cus dans des tems de barbarie, raffemblés enfuite par de grands hommes, ont produits les chefs-d'œuvres que nous admirons, & qui nous font trop oublier peut-être la fource où les Auteurs, à qui nous les devons, ont puifé. L'Italie nous offre dans les progrès que fit l'Architecture quand les Arts commencerent à y renaître, une image de ce qui eft arrivé en général dans toutes les connoiffances humaines. Elle prépara par des penfées ingénieufes dans le quinziéme fiecle, la forme admirable qu'on donna dans celui de Leon X au plus grand Edifice du monde. Si Notre-Dame des Fleurs, commencée à Florence dans le goût gothique, n'avoit pas été terminée par la belle coupole qui la couvre, fi on n'avoit pas conftruit à Rome un Dôme porté fur des pendentifs à la petite Eglife trop peu connue des Auguftins, faint Pierre de Rome auroit peut-être une forme toute différente de celle que nous lui voyons.

Ce ne fut point la prife de Conftantinople par Mahomet, arrivée l'an 1453, qui forçant les grands hommes de fortir de cette Ville, prépara les Italiens à reprendre la prééminence qu'ils avoient eue dans les Arts fous les premiers Empereurs; ils durent ce premier mouvement à leur génie feul. Burnelefchi Florentin, dès l'an 1407, leur dévoila toutes les beautés qu'un goût exquis & une étude profonde lui avoient fait découvrir dans les ruines qu'ils fouloient aux pieds, & dans les monumens précieux de l'Antiquité qui ornoient Rome. On eſſaya dans le commencement du quinziéme fiecle de déchiffrer Vitruve, cet ouvrage unique & précieux qui nous reſte des Anciens, fur l'Architecture; & les proportions heureuſes des Edifices antiques & de leurs parties, furent expofées au grand jour avant la fin de ce fiécle (1). La coupole immenſe qu'on fit à Florence pour couvrir le Sanctuaire de l'Eglife de fainte Marie des Fleurs, eſt la premiere, & une des époques les plus frappantes de ce changement heureux. Auſſi ſa conſtruction, digne d'être mife au nombre de ces entreprifes hardies qui font honneur à l'efprit humain, nous paroît-elle mériter que nous en rapportions ici l'hiſtoire.

(1) Leon-Baptiſte Alberti avoit publié, avant la fin du quinziéme fiecle, fes dix Livres d'Architecture.

B iij

Du perfectionnement des Coupoles de nos Eglises.

Sainte Marie des Fleurs, commencée dans le goût gothique par Arnolphe Lapi, devoit être terminée sous la direction de cet Architecte, lorsque sa mort laissa les Florentins dans le plus grand embarras, pour en terminer la voûte principale, qui devoit surpasser en grandeur toutes celles que les Modernes avoient osé faire jusqu'alors. L'exécution des projets proposés par différens Architectes pour la construire, étoit si compliquée, qu'ils furent rejettés. Burnelefchi, l'an 1407, qui joignoit à un génie fécond, une connoissance profonde de la construction des Temples antiques de Rome, de retour de cette derniere Ville à Florence sa patrie, fut chargé de faire des desseins & des modeles pour couvrir le Dôme. Il prit une route si opposée à celle qu'avoient suivie les autres Architectes qui avoient travaillé sur cette matiere avant lui, qu'il lui arriva ce qu'il avoit prévu ; la simplicité de son projet en fit paroître l'exécution impossible. Il s'en retourna donc tranquillement à Rome reprendre ses Etudes, perfuadé que les Florentins le rappelleroient, & qu'on ne leur offriroit rien de préférable à ce qu'il avoit propofé. Ce que Burnelefchi avoit prévu arriva, dix ans après il fut rappellé à Florence. Il y expofa tout ce qu'il avoit imaginé pour conftruire la coupole de fainte Marie d'une maniere fimple & peu difpendieufe. Comme il joignoit à des talens fupérieurs, une ame élevée, il donna un avis qui auroit peut-être été nuifible à tout autre qu'à lui, mais qui tourna à fa gloire. Il confeilla d'appeller à Florence les plus célebres Architectes de l'Europe. On reconnut bientôt combien il leur étoit fupérieur. Dans une affemblée générale où ils fe trouverent, l'an 1420, ils expoferent leurs différens projets pour la conftruction de la coupole de fainte Marie, qui tous fuppofoient une charpente immenfe, comme on étoit en ufage d'en employer alors. Burnelefchi confulté, propofa de réduire très-confidérablement, ou de fupprimer même cette charpente. A un une propofition auffi extraordinaire & auffi hardie, tous fes Concurrens le jugerent comme

les gens médiocres jugent ordinairemen
les hommes de génie; ils le regarderen
comme fou. Il ne se découragea pas
mais reconnoissant combien il étoit diffi
cile de persuader un grand nombre d'hom
mes dans des assemblées tumultueuses
il visita en particulier toutes les person
nes chargées de présider à la constructio
de sainte Marie ; & leur parlant ave
cette force & cette sagacité qu'on trouv
rarement dans ceux qui proposent de
projers mal concertés , il les persuada
Dans une assemblée générale qu'ils tin
rent ensuite , ils le chargerent de couvri
le Dôme, en le forçant cependant d'as
focier à son travail un Architecte nomm
Giberti , homme dont par un artifice
assez adroit , il fit si facilement connoî
tre l'incapacité, qu'il resta seul charg
de l'ouvrage, & il l'acheva avec le plu
grand succès.

La hardiesse qu'avoit eue Burneleschi
de construire d'une maniere toute nou
velle, solide & peu dispendieuse, le Dô
me de sainte Marie des Fleurs, qui fai
soit l'objet de l'étonnement de l'Italie, &
l'ornement de Florence, excita l'émula
tion de Rome. Nicolas V, élu Pape l'an

1447, voyant que la Bafilique de l'ancien faint Pierre commençoit à fe ruiner, médita le projet d'en élever une nouvelle, plus vafte que celle de Conftantin (1). Bernard Roffellini fut chargé d'en faire le deffein, & le Souverain Pontife engagea auffi à y travailler Leon-Baptifte Alberti, qui joignoit à de profondes connoiffances un grand goût pour l'Architeéture. Les deffeins de Roffellini furent approuvés, le Pape fit commencer la partie du chevet de la nouvelle Eglife, & fit démolir pour cet effet le Temple qui avoit été bâti par Brobus, Préfet de Rome, adoffé à la Tribune de l'ancienne.

Cet ouvrage déja élevé de la hauteur d'environ cinq pieds au-deffus du rez de chauffée, fut abandonné par la mort de Nicolas V; & on peut regarder comme une véritable perte pour les Arts, celle des deffeins de Roffellini dont on avoit commencé l'exécution. S'ils nous étoient

____

(1) Quelques Auteurs ont écrit que c'étoit Antoine Roffellini qui avoit été chargé de cet ouvrage, mais il eft clair que ce fut Bernard, comme Bonanni le prouve dans fon Hiftoire de faint Pierre, chap. 11, pag. 63. *Bernardus hic*, dit-il, *de quo Manellus loquitur, fuit Roffellinus, &c.*

parvenus, peut-être y verroit-on le germe des idées que l'on remarque dans quelques-uns des projets qui furent faits enfuite fous Jules II. Un monument feul, échapé par fon peu d'étendue aux remarques des Curieux qui ont examiné Rome, ou qui ont écrit de fes Edifices, nous montre que les Romains tenterent après la mort de Nicolas V, de fe frayer une nouvelle route dans l'Art de couvrir le Sanctuaire des Eglifes. De la perfection que les Florentins avoient donné à leurs coupoles, il n'y avoit qu'un pas à faire pour imaginer les dômes portés fur les arcs de leurs nefs ; les Romains le firent. Nous allons fixer l'époque d'une invention fi heureufe, & qui a tant influé fur la difpofition des plus beaux Edifices qu'on ait conftruits depuis.

De l'invention des Dômes des Eglifes modernes.

L'Edifice où le premier Dôme a été exécuté, n'eft pas important par fa grandeur, comme nous l'avons dit, puifque c'eft la petite Eglife des Auguftins fituée à Rome, auprès de la place Navone. Il ne peut pas même être mis au rang des beaux monumens de l'Italie, fa décoration intérieure tenant encore quelque chofe de gotique ; mais la place qu'il occupe, dans la chaîne des idées par lefquelles les hommes ont paffé avant d'arriver à la perfection de la partie du milieu de nos Eglifes, le rend cependant très-intéreffant, & c'eft ce qui m'a déterminé à en prendre les mefures générales quand je paffai à Rome, à mon retour de la Grece. En effet, fi on avoit déja à Conftantinople & à Venife fait porter des voûtes fur les arcs des nefs, & fur les pendentifs qui les uniffent, fi Burnelefchi avoit perfectionné à Florence la difpofition de ces voûtes, en conftruifant celles de *fainte Marie*, on n'avoit cependant pas encore eu la hardieffe d'élever une tour de dôme complette fur les quatre arcs des nefs, & fur les pendentifs qui les uniffent : c'eft aux Auguftins à Rome que cette grande penfée a été exécutée la premiere fois.

Le dôme de cette Eglife, le premier de ce genre qui ait été conftruit, & à qui le peu d'expérience qu'on avoit alors, ne permit peut-être pas de donner toute la solidité nécessaire, a été détruit, parce qu'il menaçoit ruine, depuis mon retour d'Italie, & n'a subsisté qu'environ 380 ans ; l'Architecte qui l'a bâti avoit eu d'assez grandes difficultés de construction à surmonter ; si son diametre n'étoit pas fort grand, les piliers qui le soutenoient étoient aussi très-peu considérables. L'Inscription (1) qui est sur le frontispice de l'Eglise, dont il couvroit le Sanctuaire, fait voir qu'elle fut construite sous le Pape Sixte IV, puisqu'elle marque que Guillaume d'Estouteville la fit élever l'an 1483, environ 60 ans après que la construction de la coupole de sainte Marie des Fleurs fut confiée à Burneleschi, & vingt ans avant que Jules II. fit faire des projets pour rebâtir saint Pierre. Aussi voit-on dans sa disposition, ou dans sa décoration, ce que l'Architecte qui l'a bâtie paroît avoir imité de sainte Marie, & ce qui a servi de modèle aux Architectes qui ont travaillé à saint Pierre. On remarque particulierement qu'elle a au-dessous de la voûte de son dôme huit

______

(1) *Guillemus de Estouevilla Episc. Ostien. Card. Rotomag. S. R. E. Camerarius. fecit.* M. CCCC. LXXXIII.

croisées en œils de bœufs, précisément comme celles qui sont au-dessous de la voûte de sainte Marie ; & non-seulement la partie cilindrique dans laquelle ces croisées sont ouvertes, forme une tour de dôme complette, élevée sur les quatre arcs des nefs & les pendentifs qui les unissent, comme l'est la tour du dôme de saint Pierre ; mais même les pendentifs de l'Eglise des Augustins, sont ornés dans l'intérieur de médaillons ronds, comme on en remarque à ceux de la premiere de ces Eglises , & son plan forme une Croix latine très-réguliere, particularité qu'on observe encore dans cette fameuse Basilique, & dans différens projets qui en ont été faits.

Nous sommes bien éloignés de prétendre par ces remarques diminuer la gloire des grands hommes à qui nous devons la plus magnifique Eglise du monde ; il a fallu sans doute les plus savantes recherches, & la plus grande hardiesse, pour exécuter dans un édifice aussi vaste, l'idée qu'offroit un monument très-petit : mais enfin cette idée ne fut pas imaginée par les Architectes du seiziéme siécle , comme on l'a cru pendant long-temps, elle ne

fut que développée & embellie par eux,
ainſi que nous allons le faire voir.

*Du perfectionnement des dômes qui couvrent
le centre des plus belles Egliſes modernes.*

Jules II, parvenu au Pontificat l'an
1503, entreprit de faire conſtruire la
nouvelle Egliſe de ſaint Pierre, avec
cette ardeur qui préſage la réuſſite des
plus grands projets. On peut croire quels
efforts firent alors les Architectes célebres que la fortune ſembloit avoir raſ-
ſemblés exprès à Rome pour diſputer entr'eux l'immortalité aſſurée à celui qui
ſeroit chargé d'exécuter ce fameux Temple : Bramante eut la gloire de triompher
de tous ces Concurrens, ſon plan fut
choiſi. Il eſt effectivement d'une beauté
& d'une magnificence ſurprenante. La
Croix latine que préſente l'intérieur eſt
très-bien deſſinée, jamais aucun monument n'avoit été ſi vaſte, la nef principale étoit d'une belle proportion, & la
décoration qui terminoit le fond des trois
autres nefs, compoſées de colonnes iſo-
lées qui formoient periſtyles, & placées
entre des maſſifs, devoient produire,
par la variété qu'y pouvoient repandre

les divers accidens de lumieres, un effet très-heureux. L'intérieur du Pantheon paroît le feul monument qui en ait peut-être donné la penfée à Bramante ; il eftimoit tant ce Temple, qu'il forma le projet d'en élever un tout femblable à la réunion des quatre nefs de fon Eglife de faint Pierre ; & en effet, fon dôme, dont on voit les deffeins dans Bonanni, avoit la même largeur dans l'intérieur que le Pantheon, l'efpece de calotte qui le couronnoit avoit des gradins à fa naiffance, & à peu près la même forme que celle du Pantheon : fi on confidere que fon plan eft compofé de huit maffifs, entre chacun defquels il y a deux colonnes qui forment trois paffages, comme il y en a dans l'intérieur du Pantheon, on reconnoîtra combien il y a d'analogie entre ces deux monumens. C'eft donc Bramante qui a eu l'idée de mettre le Pantheon fur le Temple de la Paix, & non pas Michel Ange, à qui on attribue cette penfée (1).

(1) Le peu de connoiffances qu'on avoit de l'hiftoire de faint Pierre de Rome, qui n'eft détailléo que dans des ouvrages confidérables & peu lus, a fait dire à M. de Montefquieu, dans fon Effai fur le Goût, que Michel Ange imagina de faire foute-

L'exécution de la superbe Basilique de saint Pierre, où le plus grand Architecte de l'Italie, au commencement du seizième siécle, s'étoit efforcé de réunir tout ce qu'il avoit trouvé d'ingénieux dans les Eglises modernes, à ce que l'architecture antique lui offroit de plus noble, fut commencée l'an 1506. Jules II. en posa la premiere pierre avec la plus grande pompe le 18 Avril de cette année, environ 1180 ans après la fondation de l'ancienne Basilique par Constantin le Grand. Nous voudrions, après les éloges que nous venons de faire du génie de l'Architecte qui en avoit donné le plan, pouvoir tirer

oir en l'air un Temple aussi grand que le Pantheon, tandis que cette pensée avoit été imaginée par Bramante quarante ans avant que Michel Ange travaillât à saint Pierre de Rome. Le défaut d'une histoire de nos Edifices, a fait commetre une erreur de la même nature à M. de Voltaire ; il est fâcheux que ces vers qui font tant d'honneur à l'humanité,

A la voix de Colbert, Bernini vint de Rome,
De Perrault dans le Louvre il admira la main, &c.

ne contiennent pas une vérité. C'est Serlio, qui venu à la voie de Francois Premier à Paris, préfera le dessein que l'Abbé de Clagni avoit fait pour la Cour du Louvre, à celui qu'il avoit donné, & eut la grandeur d'ame de conseiller de l'exécuter. Cette anecdote au reste n'étoit pas difficile à découvrir, puisqu'elle est dans le Dictionnaire de Trevoux au mot Louvre.

le

le voile fur les fautes qui lui échaperent, il fonda cette Eglife avec tant de précipitation & fi peu de foin, qu'ayant voûté les quatre arcs qui devoient porter la coupole, ils s'ouvrirent confidérablement en différens endroits peu de temps après fa mort, qui ne précéda pas de beaucoup celle de Jules II. Ce défaut retarda confidérablement la conftruction de l'Eglife de faint Pierre. Dès que Leon X. fut parvenu au Pontificat, il penfa à y faire apporter les plus prompts & les plus fûrs remedes. Il chargea Giocondo, Raphael d'Urbin & Julien Sangalo d'y travailler, & ils s'en acquitterent avec tant d'intelligence, qu'ils parvinrent à rafermir les fondemens de cette Eglife, & que toutes les craintes que l'on avoit fur fa folidité, fe diffiperent.

Ces trois Architectes étant morts tous depuis l'année 1517, jufqu'à 1520, l'ouvrage fut fufpendu. Antoine Sangalo, déja employé à la Bafilique, dés le départ de fon oncle pour Florence, où il s'étoit retiré, & pendant la derniere année du Pontificat de Leon X, eut la direction générale de l'édifice, qu'il conferva encore fous Adrien IV & Clement

VII, & on lui donna pour Adjoint Balthazar de Peruze, Architecte d'une grande capacité. Dans le nouveau plan gravé dans Bonanni, sous le nom de ce dernier, qui ne fut point exécuté, mais qui l'auroit été sous des Papes aussi zélés pour l'avancement de cette Eglise que Jules II & Leon X; dans ce plan, dis-je, qu'on devoit construire sous leurs ordres, ils avoient réduit celui de Bramante à une Croix grecque : ou plutôt ils n'avoient fait que raccourcir la nef principale, & la terminer par des colonades, comme l'étoient les trois autres nefs dans le projet de Bramante. Ils firent aussi d'autres changemens moins importans dans la disposition générale de cet Edifice.

Sous le Pontificat de Paul III, Sangalo resté seul, fit dans un troisiéme plan qu'il proposa de la Basilique, & qui fut accepté, des changemens plus considérables, mais désavantageux. Il conserva à l'intérieur la forme de Croix grecque, qu'il lui avoit donnée de concert avec Balthazar de Peruze, mais il grossit encore les pilliers du dôme. Il supprima mal-à-propos les colonades qui terminoient le fond de toutes les nefs, & mit

avant d'arriver à celle de l'entrée , un portail avec des tours très-élevées , différens veftibules , & une efpéce de dôme
d'où on entroit par une porte dans la
premiere nef.

Ces derniers ouvrages de Sangalo
affez inutiles , qui donnoient beaucoup
d'étendue à l'Edifice extérieurement, fans
augmenter la capacité de l'intérieur ,
étoient décorés d'un très-mauvais goût,
& d'une très-petite maniere.

Heureufement pour la Bafilique de
faint Pierre & pour les Arts , Michel
Ange fut chargé de préfider à fa conftruction. Ce grand homme appellé de
Florence à Rome par Paul III l'an 1646,
après la mort de Sangalo, s'efforça de
rendre à cet Edifice la décoration majeftueufe que Bramante lui avoit donnée,
& que Sangalo lui avoit fait perdre.
Dans une lettre (1) qu'il écrivit à un de
fes amis , il témoigne autant d'eftime
pour le premier, que de mépris pour San-

(1) Voyez à ce fujet la Lettre de Michel Ange à
un de fes amis, inferrée dans Bofnanni , Chap. XIV.
pag. 75. qui commence ainfi : *Meff.r Bartolomeo amico
caro. E non fi può negare , che Bramante non foffe va-
lente n ll' Architetture , quanto ogn, altro, che fia ftato
degli antichi in quà , &c.*

galo. On peut juger avec quelle diftinctio:
fut reçu à Rome, par un Pontife qui fça
voit honorer les grands hommes, Miche
Ange, qui, à la plus haute réputation, joi
gnoit le plus grand défintéreffement. I
réfufa conftamment de recevoir la pen
fion annexée aux Architeétes qui avoien
la furintendance de faint Pierre, & il e
fut récompenfé par la confiance entier
du Pape, qui le laiffa maître d'ordonne
abfolument à fa volonté de tout ce qu
concernoit cette Bafilique.

Michel Ange ne méfufa pas de la li
berté que Paul III. lui avoit donnée : maî
tre d'augmenter l'étendue de la Bafilique
il penfa au contraire, afin d'entrer dan
les vûes du Pape qui defiroit de la termi
ner, à en refferrer les limites, il laiffa
l'intérieur la forme de Croix grecque
que Sangalo & Balthazar de Peruze lui
avoient donnée ; mais il diminua l'éten
due extérieure qu'elle avoit dans le mo
dele de Sangalo, de tout ce qui étoit
étranger aux quatre nefs, & au grand
quarré qui tournoit autour des quatre
pilliers du dôme. Il y a lieu de croire
qu'il n'a fait que peu de changemens à la
décoration intérieure des nefs, compofée

de grands pilaſtres entre leſquels ſont deux niches , l'une inférieure , l'autre ſupé-rieure , puiſqu'on l'obſerve dans le mo-dele de Sangalo qu'on voit à Rome , & dans les coupes gravées de ſon projet; mais Michel Ange donna à l'ordre qui décore ce dôme en dedans , plus d'élevation que ne lui avoit donnée Sangalo , & moins de hauteur à la voûte qu'il devoit porter.

A l'égard de l'extérieur de cet édifice, on doit à Michel Ange la belle décora-tion qui l'orne à préſent , excepté celle de la façade ; le portail qu'il avoit imagi-né , bien ſupérieur à celui qui eſt exécuté, étoit compoſé de quatorze colonnes iſo-lées très - colloſſales , & auroit par-là produit une décoration impoſante & majeſtueuſe. Michel Ange ſimplifia auſſi beaucoup la décoration de la tour du dôme, & au lieu que Sangalo y avoit employé deux ordres qui devenoient très-petits, & qu'il avoit couronné la coupole par une lanterne trop grande , il ne l'orna comme Bramante l'avoit fait , que d'un or-dre à l'extérieur , mais il le diſpoſa beau-coup mieux pour la ſolidité , & traça auſſi pour la forme du dôme une courbe plus élegante que celle que lui avoient donné les Architectes qui l'avoient précédé; courbe, à la vérité, que Fontana & Jacques de la Porte, qui couvrirent le dôme fous Sixte Quint, éleverent d'un fixiéme de plus que la hauteur que Michel Ange lui avoit donnée. Enfin, comme ce dernier Architecte avoit beaucoup vécu à Florence, où il avoit toujours fous les yeux l'Eglife de fainte Marie des Fleurs, il imita la maniere dont ces deux voûtes, l'une intérieure, l'autre extérieure, font difpofées. Car le Maderne qui a terminé cette Bafilique, n'a fait que lui rendre la forme de Croix latine que Bramante lui avoit donnée originairement.

C'eft donc avec raifon qu'on regarde Michel Ange comme l'Architecte qui a le plus contribué à la perfection de faint Pierre, quoiqu'il n'en ait eu que pendant dix-fept ans la direction, qu'il n'ait commencé qu'à l'âge de 72 ans à y travailler, & 40 ans après que Bramante en eut jetté les fondemens ; mais l'Hiftoire que nous venons de donner, montre affez que, ni la difpofition générale de cet Edifice, ni l'idée d'élever le dôme fur les arcs des nefs ne peut lui être attribué, quoiqu'il ait exécuté avec fuccès cette

idée, le mérite de l'Artiste qui perfec-
tionne, étant d'une autre nature que celui
de l'homme de génie qui invente.

Nous n'ajouterons ici qu'un mot sur
d'autres parties de cet Edifice qui ont
rapport à sa disposition ; tous ceux qui
la connoissent sçavent que ses quatre nefs
forment ensemble une croix latine très-
réguliere, & bien mieux dessinée que
celles qu'offroient toutes les Eglises construites auparavant ; la proportion de la
grandeur du dôme par rapport à l'étendue des nefs, est très-belle ; les pans qui
font dans le plan au-dessous des pendentifs, font une perfection que n'avoit pas
l'Eglise des Augustins ; le quarré qui tourne autour des quatre massifs qui soutiennent les pendentifs, & aux angles des-
quels font quatre petits dômes, est bien
ouvert dans les nefs, & d'une très-belle
proportion avec elle : tant pour la largeur que pour la hauteur, peut-être se-
roit-il à desirer que les bas côtés de la
grande nef, qui font éclairés par six petits
dômes ovales, fuffent plus larges ; que
leur percé fût continué plus loin & ne
fût pas borné comme il l'est par deux des
quatre massifs qui soutiennent le dôme.

La difposition générale du dôme d'une Eglife, avec fes nefs & fes bas côtés, pouvoit donc encore recevoir quelque perfection, ou au moins être variée par la maniere de décorer ou d'ouvrir les pans qui font au-deffous des pendentifs; on y parvint dans deux Eglifes fur la fin du fiècle de Louis XIV, mais il faut quitter l'Italie pour trouver ces monumens; il faut examiner en Angleterre & en France Saint Paul de Londres & l'Eglife des Invalides.

Du Percé très-ingénieux des bas-côtés d'une Eglife dans les pans du Dôme qu'on a pratiqué à Saint Paul de Londres, & de celui d'une autre efpece qu'on a fait aux Invalides, ainfi que de la maniere ingénieufe dont les parties de la coupole font éclairées.

Le Chevalier Wren, Membre de la Société Royale de Londres, & fi fçavant qu'il étoit compté entre les premiers Géometres de l'Europe, dans le tems des Neutons, des Leibnitz & des Huyghens, a fenti le dernier inconvénient des Bas-côtés de Saint Pierre, que nous

avons rapporté, & l'a évité dans le magnifique Temple de S. Paul commencé l'an
1675 : l'ancienne Eglife de ce nom.ayant
été enveloppée dans l'incendie fatal qui
onze ans auparavant détruifit une partie
de cette fuperbe Ville, il a fait les quatre pans de fon dôme, qui font au-deſſous
des pendentifs, prefque auſſi grands que
ceux qui répondent à l'ouverture des
nefs, il a formé dans chaque maſſif des
pendentifs une niche comme à Saint
Pierre de Rome, mais il a ouvert ces
niches, & a fait enforte qu'elles fuſſent
traverſées par les huit bas-côtés qui ac-
compagnent les quatre nefs de cette
Cathédrale.

Cette difpofition eſt certainement un
trait de génie de la part de l'Architecte
Anglois, mais il en réfulte que les nefs
en général paroiſſent trop petites par
rapport à l'étendue immenfe du dôme ;
& tous ceux qui ont quelque goût & qui
ont vu ces monumens, rapportent que
le chœur particulierement paroît extrêmement étroit ; d'ailleurs il fuffit d'en
confidérer les deſſeins pour reconnoître
que fa forme n'eſt pas à beaucoup près
auſſi belle que celle de Saint Pierre de

Rome ; la croix est mal exprimée dans le plan, & quoiqu'il y ait bien des choses à desirer dans le portail de la premiere, il n'a qu'un seul ordre, & il est par-là composé d'une maniere plus noble que celui de Saint Paul de Londres qui en a deux. Au reste ces deux monumens ont été tous deux construits en brique & revêtus en pierre, la pierre étant si rare à Londres, qu'on a été obligé de tirer des Isles de Portland celle qu'on a employée à Saint Paul ; mais l'Histoire de la reconstruction differe en ceci, que l'Architecte de l'Eglise de Saint Paul a eu la gloire de la commencer & de la terminer comme il l'avoit conçu d'abord, dans l'espace d'environ quarante ans, & que plus de dix Architectes ont travaillé & changé assez considérablement à Saint Pierre de Rome, la premiere disposition imaginée par Bramante.

Les ressources, pour ajouter quelques perfections à la partie du milieu des plus grandes Eglises, sembloient en quelque sorte épuisées, quand Jules-Hardouin Mansart, chargé par Louis XIV de faire une Rotonde aux Invalides, pendant le tems qu'on construisoit Saint Paul à Londres, fit voir combien fon génie étoit fécond ; borné à ajouter un dôme à une nef déja faite & très-étroite, il ne put imaginer un enfemble auffi grand qu'il l'auroit fait s'il avoit donné le deffein d'une Cathédrale, mais il penfa à embélir la partie des pendentifs qui avoit paru trop négligée avant lui ; il ouvrit les maffifs des pendentifs dans le milieu, & les fit percer dans quatre Chapelles très-décorées ; il les orna chacun de deux colonnes ; il rappella en bas par quelques marches la belle forme circulaire de fa coupole, & difpofa fon dôme de maniere que quand on fe place à fon centre, on jouit d'un des plus magnifique fpectacle que puiffe donner l'Architecture. Il pouffa même ces recherches jufqu'à donner aux peintures admirables qui ornent le plafond de la coupole, tout l'éclat qu'elles pouvoient recevoir (1). Avant lui les

(1) S'il eft échappé quelque chofe à Manfart, c'eft de n'avoir pas pris affez de précaution pour mettre les peintures qui devoient être faites fur ce plafond, à l'abri des accidens qu'elles pouvoient éprouver ; la voûte de ce plafond eft très-foible, & le moindre accident arrivé en travaillant à la charpente, ou les défauts de la couverture qui pouvoient les endommager. M. Contant va remédier à cet inconvénient, jaloux de conferver des peintures qu'il ne voit & dont il ne parle jamais qu'avec admiration,

peintures, comme au Val-de-Grace, n'é-
toient éclairées que par des croisées per-
cées dans la tour du dôme. Manſart, au
dôme des Invalides, fit comme à celui
de Saint Pierre de Rome, une double
calotte ; mais au lieu de les terminer toutes les deux à la lanterne, il ouvrit la
plus baſſe, il fit peindre le plafond de la
plus haute, & l'éclaira par des croiſées
ouvertes dans un attique, & dont le jour
pénétrant entre les deux calottes, frappe
ſur la voûte ſupérieure, ſans que les ſpec-
tateurs qui ſont en bas puiſſent appercevoir ces croiſées & découvrir la cauſe
qui donne un ſi grand éclat aux peintures
admirables dont la coupole eſt ornée.

Nous avons montré combien il s'eſt
écoulé de ſiécles avant que les Chrétiens
parvinſſent à perfectionner la forme des
Egliſes qui ont des dômes. Une nouvelle matiere va s'offrir à nos recherches,
nous allons voir les colonnes employées
d'abord dans les premiers Temples des
Chrétiens avec peu d'art, & abandon-
nées enſuite, reparoître dans ceux que

il va faire faire une fauſſe voûte dans la Charpente
qui couvrira celle où ſont les peintures, & la ga-
rantira auſſi longtems que le bâtiment ſubſiſtera.

nous élevons, & y être exécutées avec toute la pureté de l'Architecture grecque ; nous les verrons appliquées à la forme de croix perfectionnée, s'y montrer unie avec ces voûtes belles & hardies imaginées pour couvrir le fanctuaire de ces édifices ; & enfin y préfider, & par leur grande élevation, & en formant toutes les divifions générales de leur plan.

Le fuccès des Edifices facrés compofés fur ce nouveau fyftême, dépend prefqu'entiérement de l'effet heureux ou défagréable que les colonnades feront dans leur intérieur. Avant donc de parler de la maniere dont elles y font difpofées, nous croyons devoir préfenter au Lecteur quelques réflexions, fur la caufe du plaifir qu'elles nous donnent, ainfi que les périftyles en général, dans les monumens où on les employe.

ARTICLE III.

De la beauté qui réfulte en général des Périftyles dans les Edifices , & des changemens qu'ils peuvent occafionner dans les dimenfions des principales parties de leur intérieur.

QUELLE que foit la caufe des fenfations que l'Architecture nous fait éprouver en général, on peut affurer que c'eft de la nature, de la force ou du nombre de ces fenfations que réfulte le jugement que nous portons fur les divers Edifices qui s'offrent à nos regards ; fouvent l'heureux rapport des proportions d'un bâtiment y attache notre vue, nous en parcourons l'étendue entiere, nous en obfervons toutes les parties, tous les détails ; avec cette efpece de charme qui égale prefque celui que les plus belles chofes de la nature nous font reffentir. Quelquefois auffi la maniere grande dont l'extérieur ou l'intérieur d'un Edifice font divifés, le relief de fes parties, l'efpace confidérable qu'il occupe & fon élévation prodigieuse , produisent sur notre ame une impression très-forte ; enfin une grande quantité de petits objets dif-férens , offerts à nos yeux tout à la fois , nous donnent encore une grande multi-plicité de sensations foibles ; ou un petit nombre de grands objets présentés sous des faces nouvelles , multiplient les sen-sations agréables ou fortes que nous res-sentons à l'aspect des plus belles déco-rations.

Ces trois qualités , l'agrément , la force ou la variété des sensations que l'Architecture nous fait éprouver , rare-ment réunies dans un même édifice , étant donc les causes qui y produisent le beau , nous allons faire voir comment elles se rencontrent particulierement dans les Péristyles , & comment certains Pé-ristyles réunissent un plus grand nombre de ces qualités que d'autres.

On divise de différentes manieres les surfaces dans l'Architecture ; quelque-fois on perce dans les murs , ou on y mé-nage , en les construisant , des ouvertu-res rondes ou quarrées , mais en si petit nombre , que l'impression générale que nous recevons de la surface , differe peu

de celle que le mur plein nous donne-
roit ; fouvent auffi ces ouvertures font fi
grandes, que l'impreffion que nous re-
cevrions du mur plein, eft confidérablement diminuée par celle des objets que
nous découvrons entre ou à travers les
ouvertures ; enfin les divifions des furfaces en Architecture, font encore fouvent
d'une nature toute différente, & qui ne
donne aucunement l'idée de trous percés
ou ménagés dans le mur, c'eft lorfqu'elles font formées par des files de colonnes & par les intervales qui les féparent.
Examinons quelles font de ces deux efpeces différentes de divifions des furfaces, celles qui produifent les fenfations
les plus agréables.

Le premier ufage qu'on a fait des colonnes dans l'Architecture, comme on le
fçait, a été de les employer à foutenir
des plattes bandes & des plafonds ; mais
on n'a pas tardé longtems à reconnoître
combien elles ajoutoient d'agrémens aux
édifices où elles étoient fi néceffaires. Si
dès le tems de la plus haute antiquité,
on n'avoit pas reconnu toute la beauté
qu'elles y produifoient ; pourquoi les
Egyptiens avoient-ils fait les plus gran

des

des & les plus belles divisions de leurs Temples avec des colonnes ? pourquoi les y auroient-ils prodiguées ? qui auroit porté ensuite les Grecs & les Romains à en orner les dehors, les dedans & les enceintes qui étoient autour de ceux qu'ils construisoient, ainsi que leurs Places, leurs Théâtres & leurs autres bâtimens. Enfin pourquoi toutes les Nations éclairées de l'Europe regardent-elles les ordres, comme la source des plus grandes beautés de l'Architecture ; & les péristyles & les colonnades, comme les especes de décoration où ils font employés le plus conformément à leur origine ; & avec le plus de succès ? Si des raisons de solidité, la nécessité de mettre leurs galeries plus à couvert, l'économie ou d'autres causes, ont porté quelquefois les Peuples qui se font distingués dans l'Architecture, à faire des portiques ; il n'en est pas moins constant, il n'en est pas moins prouvé par les faits, qu'ils leur ont toujours préféré les péristyles, & que ce font de toutes les décorations celles qui nous font éprouver les fensations les plus agréables.

Cet avantage n'est pas le seul qu'on

trouve dans la décoration des Périftyles, ils produifent prefque toujours infailliblement dans les édifices, la grandeur, qui a feule le droit de nous affecter fortement, & fans laquelle l'Architecture la plus pure n'attire que peu notre attention.

Tous les grands fpectacles en impofent aux hommes ; l'immenfité du Ciel, la vafte étendue de la Terre ou de la Mer, que nous découvrons du fommet des montagnes, ou du milieu de l'ocean, femblent élever notre ame & aggrandir nos idées. Les plus grands de nos ouvrages font auffi fur nous des impreffions de la même nature, nous reffentons à leur afpect ces fenfations fortes, bien fupérieures à celles qui ne font qu'agréables, & qui font les feules que les très-petits édifices puiffent nous donner. Cependant la force de ces impreffions que nous recevons à l'afpect des bâtimens, n'eft pas toujours proportionnelle à leur grandeur, elles dépendent fouvent autant de la maniere de divifer leurs maffes ou leurs furfaces, que des dimenfions de ces maffes ou de ces furfaces mêmes.

Suppofons, par exemple, l'intérieur du Pantheon à Rome, divifé en un grand

nombre de Chapelles , qu'on ne puiſſe
voir que l'une après l'autre ; & ſon frontiſpice compoſé de pluſieurs petits ordres;
l'intérieur ne nous donnera qu'un grand
nombre de ſenſations foibles , mais ſucceſſives ; le frontiſpice qu'un grand nom
bre de ſenſations foibles , dans un inſtant :
au lieu que toute la capacité de l'intérieur de cet édifice que nous découvrons
d'un coup d'œil dans ſon état actuel, l'é-
lévation des colonnes de ſon portique ,
leur nombre , celui de leurs intervales , &
tout ce que nous y découvrons dans la
profondeur du portique ; fait ſur nous l'impreſſion la plus forte. Cette impreſſion eſt
même tellement augmentée par les ſenſations ſeules que nous recevons de tous les
objets, & de tous les effets de lumiere que
la profondeur du portique nous préſente,
que notre ame eſt plus fortement affectée à
l'aſpect du frontiſpice du Panthéon, qu'elle
ne l'eſt à la vue de celui de Saint Pierre
de Rome, quoique dans cette Baſilique
les colonnes du Portail cependant, ſoient
conſidérablement plus groſſes & plus
grandes, & que la ſeule choſe en quoi
elles different de celles du Pantheon,
ſoit, qu'étant engagée dans le mur, elles

D ij

ne nous donnent aucuns des effets frappans qui naiſſent de la profondeur dans
les Périſtyles. La différence des impreſ-
ſions que font ces deux façades eſt ſi mar-
quée, que nous ne craignons point de dire
qu'elle ſe fait ſentir à la plûpart de ceux
qui les voyent; & cet exemple & un
grand nombre d'autres de cette nature,
prouvent tout d'un coup, combien les
décorations des Périſtyles ſont propres à
produire dans les édifices, la grandeur,
cette qualité qui releve tant toutes leurs
autres perfections.

Nous venons de faire voir combien la
multiplicité des diviſions dans la décoration des édifices leur fait perdre de leur
beauté, faiſons ſentir les défauts qui y
naiſſent de leur trop petit nombre. Sup
poſons que toute la ſurface du frontiſpice
du Pantheon (1) fût un mur liſſe, ſans
aucune décoration, & où il y eût ſeule-
ment au milieu une porte fort petite; la
vue de cette ſurface liſſe ne nous affec-

____

(1) Le Pantheon, le plus magnifique Temple qui
nous reſte à Rome de l'antiquité, a ſon frontiſpice
compoſé de huit colonnes très-coloſſales, qui ſoutiennent un fronton, & la décoration de ce frontiſpice eſt une des plus grande & des plus majeſtueuſe
qu'on connoiſſe.

teroit certainement pas à beaucoup près d'une maniere auſſi forte , que la vue de cette même ſurface, diviſée par huit co-lonnes , & par tout ce qu'on découvre au travers de ſept intervalles qui les ſé-parent ; d'où il paroît prouvé , que la dé-coration du frontiſpice du Pantheon per-droit de ſa beauté , ſi en multipliant trop les parties qui la compoſent , on les ren-doit plus petites, & qu'elle ſeroit moins agréable ſi on en diminuoit conſidérable-ment le nombre.

On voit par-là que les diviſions qui produiroient les plus grands effets pour une ſurface donnée , ſont renfermées entre des limites aſſez peu étendues & & également éloignées de deux termes qui, quoiqu'oppoſés , ſe rapprochent : celui , où en n'en indiquant aucunes ſur ces ſurfaces , on ne décoreroit point ; & celui où en en rendant le nombre infini , elles nous échapperoient. En voulant pouſſer les diviſions trop loin, ſelon la remarque très-fine de M. de Monteſ-quieu , on produiroit l'effet contraire à celui qu'on ſe propoſe ; les parties dimi-nuées à proportion de leur multiplicité, nous donneroient des ſenſations plus foibles ; & elles fe détruiroient tellement par leur nombre , & par la confufion qu'elles produiroient, que nous ne ferions plus affeétés.

C'eft par ce principe que les Peintres aiment mieux compofer leurs tableaux d'un petit nombre de figures , qui nous affeétent fortement, que de les y multiplier, & de partager notre attention entre un trop grand nombre d'objets. C'eft d'après des obfervations de la même nature, difficilement apperçues, fur la plus grande durée de l'attention de la plûpart des hommes, que les Poëtes ou les Muficiens célébres ; reftraints à n'employer que peu d'heures au fpeétacle, s'attachent à n'exciter en notre ame qu'un petit nombre de fentimens, mais à les y exciter fortement; tandis que ceux qui manquent de goût, variant trop fouvent la maniere dont ils nous affeétent, ne parviennent jamais à nous émouvoir.

La grandeur des corps ou des furfaces donnés en général à l'Architeéte qui doit décorer un édifice, étant des entraves de la même nature que les efpaces de tems fixés aux Poëtes ou aux Muficiens qui compofent pour le Théâtre , le met auſſi dans l'impoſſibilité de produire au premier aſpeĉt un auſſi grand nombre de ſenſations fortes qu'il le déſireroit ; & notre ame même n'étant pas ſuſceptible d'en recevoir beaucoup à la fois ; ſon art conſiſte à augmenter, ainſi que le Poëte dans ſes ouvrages, le nombre de ſes ſenſations en les rendant ſucceſſives, & en ne les reſtraignant pas, comme le Peintre, à celles qui peuvent être produites par un tableau dans un ſeul inſtant. Une piéce de vers, dit M. de Marmontel, dans ſa Poëtique, qui préſente à notre imagination une ſuite de tableaux variés, nous intéreſſe plus qu'un tableau qui ne nous montre qu'un ſeul monument pris dans la nature : & c'eſt peut-être cette eſpece de mouvement, dans lequel la Poëſie entretient notre ame, qui fait que nous la préférons à la Peinture.

L'Architeĉture comparée à ces deux Arts, n'offre auſſi ſouvent, comme la Peinture, qu'un tableau qui ne change point ; & elle offre auſſi quelquefois, comme la Poëſie, une ſucceſſion de tableaux variés. Conſidérons, par exemple, deux façades ; l'une compoſée de colonnes qui touchent un mur, l'autre formée par des colonnes qui en font affez éloignées pour qu'elles faffent Périftyle; & fuppofons encore que les entre colonnes, dans l'un & l'autre cas, foient égaux & décorés de même, on obfervera dans la derniere façade une beauté réelle, dont l'autre fera privée, & qui réfultera uniquement des différens afpects ou des tableaux variés & frappans que fes colonnes préfenteront au fpectateur, en fe projettant fur le fond du Périftyle qu'elles forment. Cette propriété de multiplier les fenfations que nous éprouvons à l'afpect d'un édifice, fans les affoiblir, eft encore un avantage très-confidérable, & qui fe fait fentir bien plus fortement dans les Périftyles que dans aucune autre efpéce de décoration. Une comparaifon très-générale va le faire voir.

Si vous vous promenez dans un jardin, à quelque diftance & le long d'une rangée d'arbres plantés régulierement, dont tous les troncs toucheroient un mur percé d'arcades, la fituation refpective des arbres avec ces arcades, ne vous paroîtra changer que d'une maniere très-infenfible, & votre ame n'éprouvera aucune fenfation nouvelle, quoique vous ayez eu toujours les yeux fixés fur les arbres & fur les ouvertures du mur , & qu'en marchant vous ayez parcouru affez vìte une efpace confidérable. Mais fi cette rangée d'arbres eft éloignée du mur , en vous promenant de même , vous jouirez d'un fpectacle nouveau , par les différens efpaces du mur que les arbres paroîtront, à chaque pas que vous ferez, couvrir fuc-ceffivement. Tantôt vous verrez les arbres divifer les arcades en deux parties égales , un inftant après les couper inégalement , ou les laiffer entiérement à découvert & ne cacher que leurs intervales ; enfin , fi vous vous approchez , ou que vous vous éloigniez de ces arbres , le mur vous pa-roîtra monter jufqu'à la naiffance de leurs branches , ou couper leurs troncs à des hauteurs très-différentes. Ainfi quoique nous ayons fuppofé le mur décoré régu-lierement , & les arbres également éloi-gnés ; la premiere des décorations fem-blera immobile , pendant que l'autre au contraire s'animant en quelque forte par le mouvement du fpectateur , lui pré-fentera une fucceffion de vûes très-variées, qui réfulteront de la combinaifon infinie qu'il fe procure , des objets fimples qui produifent ces vûes.

Ces effets oppofés qui réfultent u
quement des différentes pofitions d'
rangée d'arbres , par rapport à un r
percé d'arcades , nous repréfentent
contrafte frappant que nous avons vo
faire fentir : & qui feroit entre la dé
ration montone produite par des col
nes qui toucheroient un mur décoré ,
la riche variété qui réfulteroit de ce
qui formeroient periftyle. Qu'on f
pofe en effet dans le premier cas les
tre colonnes ornées de niches , de fi
res, de bas reliefs , toute la richeffe qu
aura prodiguée dans cette décoratio
ne changeant que très-peu à notre vi
malgré les efforts que nous ferons p
la confidérer fous différens afpects , n
fera bientôt abandonner un fpectacle
l'ame ayant tout vû dans un inftant, ch
che envain de nouveaux objets qui fa
faffent fon activité. Dans le fecond
contraire, la magnificence des plafon
ajoutée à celle du fond du periftyle ,
réproduira en quelque forte à chaque i
tant : elle fe préfentera fous mille fa
diverfes aux yeux du fpectateur , &
récompenfera des efforts qu'il fera po
trouver tous les points de vûes du

riſtyle, en lui offrant ſans ceſſe de nouvelles beautés.

Mais pour mieux nous former une idée
des différens effets que produiſent les
periſtyles, & de leur ſupériorité ſur les
décorations qui ne ſont compoſées que
de pilaſtres, profitons de l'avantage que
nous a donné M. le Marquis de Marigny,
de voir dans tous les aſpects, le plus beau
morceau d'Architecture de l'Europe; parcourons des yeux toute l'étendue du periſtyle du Louvre, en marchant le long
des maiſons qui lui font face; éloignons-
nous-en pour en ſaiſir l'enſemble, appro-
chons-nous-en aſſez près pour découvrir
la richeſſe de ſon plafond, de ſes niches,
de ſes medaillons : ſaiſiſſons le moment
où le ſoleil y produit encore les effets les
plus piquans, en faiſant briller quelques
parties du plus grand éclat, tandis que
d'autres couvertes d'ombres les font re-
ſortir. Combien la magnificence du fond
de ce periſtyle, combinée de mille fa-
çons différentes, avec le contour agréable des colonnes qui ſont devant, &
avec la maniere dont il eſt éclairé, ne
nous offriront-t-ils pas des tableaux en-
chanteurs. La riche variété de ce ſpec-

tacle, se fera encore mieux sentir, en lui opposant celui qu'on peut se procurer sur le bord de la riviere. Qu'on s'efforce de même de découvrir de nouveaux aspects, dans la décoration de pilastres qu'on y voit, & dont les intérales sont divisés à peu près comme ceux du peristyle, on n'y observe sans cesse que cette espece de décoration froide & monotone, que la lumiere vive du soleil qui anime toute la nature, ne change même presque pas.

Non-seulement le spectateur n'épuisera pas en quelques heures les tableaux que le peristyle du Louvre pourra lui offrir, mais même les différens momens de la journée lui en fourniront de nouveaux. Chaque nouvelle situation du soleil, y fera répondre les ombres des colonnes à différentes parties du fond, comme chaque hauteur différente de cet astre, les fera élever ou abbaiser plus ou moins sur le fond de ce peristyle.

Cette derniere variété qui naît dans les peristyles des effets de la lumiere, suffit presque, quand situés heureusement, ils sont encore bâtis dans de beaux climats. Alors éclairés par le soleil pendant presque toutes les heures du jour, il est moins néceffaire de foutenir l'attention du fpeftateur en décorant richement leurs fonds. Dans les pays au contraire où le ciel eft toujours couvert, la nature moins animée force l'Architeéte à employer d'autres reffources pour repandre dans fes periftyles cette variété qui les fait voir fans ceffe avec un nouveau plaifir, & il parvient en effet, en en travaillant plus les fonds ; à détruire la monotonie que leurs décorations éclairées trop uniformément pourroient produire.

A ce que nous venons de dire de général, fur la beauté des afpeéts qu'offrent les periftyles au fpeétateur qui les confidere de différens points de vûe, joignons quelques réflexions plus particulieres & affez importantes, fur ce qu'il éprouve lorfqu'il les voit d'une grande diftance, qu'il s'en approche très-près, ou même qu'il entre fous les periftyles.

Quand nous voulons jouir de l'enfemble d'un periftyle, nous fommes obligés de nous en éloigner à une certaine diftance, afin d'en embrafer toute la maffe, alors les divers mouvemens que nous faifons, font peu changer la fituation apparente des corps ifolés qui les forment.

Lorſque nous nous en approchons , un ſpeſtacle différent nous affeſte ; l'enſemble de ſa maſſe nous échappe , mais la proximité où nous ſommes des colonnes nous en dédommage ; & les changemens que le Speſtateur obſerve dans les tableaux qu'il eſt le maître de ſe créer en changeant de lieu , ſont plus frappans , plus rapides & plus variés. Mais ſi le Speſtateur entre ſous le periſtyle même, un ſpeſtacle tout nouveau s'offre à ſes regards , à chaque pas qu'il fait , la ſituation des colonnes avec les objets qu'il découvre en dehors du periſtyle varie , ſoit que ce qu'il découvre ſoit un païſage , ou la diſpoſition pitoreſque des maiſons d'une Ville , ou la magnificence d'un intérieur.

Ces deux dernieres eſpeces de beautés , qui naiſſent de la grande proximité où le Speſtateur eſt des colonnes des periſtyles , eſt ce qui caraſtériſe particulierement l'effet ſurprenant des colonnades employées dans les intérieures. En général , dans les Temples ou les Egliſes , quelques vaſtes qu'ils ſoient , le Speſtateur en découvre d'un coup d'œil preſque toute la capacité ; & comme il eſt toujours fitué très-près de quelques files de colonnes, & que les fonds qu'il découvre font ordinairement bien plus compliqués, & bien plus riches que ceux des periftyles extérieurs ; les moindres mouvemens qu'il fait produifent les changemens les plus frappans dans les afpects que cet intérieur lui préfente. Enfin, la beauté qui réfulte de ces periftyles eft fi générale, qu'elle fe feroit encore fentir, fi les pilliers qui les forment, au lieu d'offrir au Spectateur de fuperbes colonnes Corinthiennes, ne lui préfentoient que des troncs d'arbres coupés à leurs racines, & à la naiffance de leurs branches, fi ces colonnes étoient imitées d'après celles des Egyptiens ou des Chinois, fi ces pilliers ne repréfentoient même, que les amas confus de petites colonnes gotiques, ou les foutiens maffifs & quarrés de nos portiques.

Il eft vrai que la forme de ces pilliers, leur plus ou moins grand nombre dans un même efpace, leurs rapports avec les intervales qui les féparent, leurs divers éloignemens du fond fur lequel ils fe projettent ; & particulierement la plus ou moins grande quantité de divifions

affectées dans ces fonds, contribue à rendre leur effet plus ou moins fenfible. Ils
exigent même qu'on donne aux principales parties de l'intérieur des proportions
très-différentes, felon la forme & l'éloi-
gnement de ces pilliers qui en marquent
les divifions: & leur effet général com-
biné avec d'autres caufes que nous allons
examiner, peuvent contribuer à faire
paroître ces intérieurs moins grands, ou
plus vaftes qu'ils ne le font.

*Que les erreurs que notre vûe nous fait
commettre, font les caufes qui font
paroître différens intérieurs plus vaftes,
ou moins étendus qu'ils ne le font.*

La vûe, le plus précieux de nos fens,
n'eft pas pas toujours le plus fidele : dans
l'enfance nous jugeons très-imparfaite-
ment de la forme & de la grandeur des
objets. L'aveugle né, que Chezelden
commença à faire jouir de la vûe, dans
l'âge où elle eft la plus parfaite, fe trom-
poit d'abord prefqu'à chaque inftant,
dans les Jugemens qu'il formoit fur tout
ce qui s'offroit à fes regards ; novice en
l'art de voir, il rectifioit fouvent par le
touché

touché les erreurs, que ſes yeux lui fai-
ſoient connoître. Quelque habitude que
nous acquerions avec le temps de juger
de la forme, de la couleur, & de la grandeur des corps que nous conſidérons; nos
jugemens quelquefois ne ſont pas plus
ſûrs que ceux de l'aveugle de Chezelden.
Combien n'éprouvons-nous pas ſouvent
que notre vûe nous trompe ? Pourquoi
le ſoleil & la lune à l'horiſon, nous paroiſ-
ſent-ils beaucoup plus grands que quand
ils ſont au zenit ? Pourquoi un lieu nous
paroît-il très-vaſte, quand il n'a qu'une
étendue médiocre ? Et pourquoi un lieu
fort grand, nous paroît-il auſſi quelquefois bien moins conſidérable qu'il ne l'eſt ?

Il eſt aiſé de s'aſſurer par l'expérience, combien nous ſommes ſujets à tom-
ber dans de ſemblables erreurs, mais il
n'eſt pas facile d'en démêler préciſément
la cauſe. Les conjectures les plus vrai-
ſemblables qu'on ait formées ſur ce ſujet,
ſont que ces erreurs ſont produites par la
comparaiſon que nous faiſons d'un objet à
l'autre. Quand nous voyons la lune ou
le ſoleil à l'horiſon, nous les comparons
avec les divers objets qui s'offrent en
même-temps ſur la terre à nos regards;

& la petiteſſe de ces objets, nous fait paroître la lune, le ſoleil & les étoiles, fort grands. Quand nous regardons les mêmes objets au zenit, toutes les comparaiſons nous manquent, ces aſtres rapportés à l'immenſité du ciel que nous découvrons, paroiſſent plus petits. Un fait qui prouve inconteſtablement que l'erreur que nous commettons, dans ces différens cas, vient de notre jugement, & ne naît d'aucun phenomene d'optique; c'eſt que quand on meſure avec un micrometre l'étendue de lalune à l'horizon dans une lunette, elle paroît plus petite, qu'elle ne le paroît quand avec la même lunette, on meſure ſon étendue au zenit : ce qui doit arriver, puiſqu'au zenit elle eſt plus près de nous d'un demi diametre de la terre.

La comparaiſon que nous faiſons des différens objets que nous voyons enſemble, influe donc conſidérablement ſur les Jugemens que nous portons ſur leurs grandeurs reſpectives; voyons ce qu'on peut tirer de cette obſervation bien conſtatée, ſur la maniere de décorer les intérieurs ou les extérieurs des Edifices.

Dans les décorations extérieures, trois

caufes peuvent contribuer à nous faire juger différemment d'une même maffe, le
rapport qui eft entre ces différentes dimer-
tions, les différentes manieres dont elle eft
divifée, & la comparaifon que nous en
faifons avec les objets qui l'environ-
nent ; comme des maifons, des arbres,
des hommes, ou des animaux, dont nous
connoiffons à peu près la grandeur. Dans
les intérieurs abfolument fermés, il n'y
a ordinairement que deux de ces caufes
qui puiffent nous faire juger de la capacité du lieu & de fes dimentions principales ; nous comparons ces dimentions
entre elles, nous les comparons avec
les divifions fenfibles qu'on y a affectées,
& fi le hazard n'y amene pas des hommes, ou quelques êtres dont nous connoiffons la grandeur ; les objets extérieurs n'influent en rien fur le jugement
que nous portons, puifque nous ne les
appercevons pas. Auffi notre ame dans
le jugement qu'elle porte fur la capacité
d'un intérieur, en comparant les dimentions refpectives de cet intérieur, & les
maffes qui le divifent, n'étant pas aidé
pour les apprécier par le fecours qu'elle
pourroit tirer des objets extérieurs,

commet-elle souvent des erreurs très-confidérables.

L'Eglife des Chartreux à Rome, ainfi que le Pantheon, & fainte Sophie à Conftantinople, paroiffent, de l'aveu de prefque tous les voyageurs, plus grandes qu'elles ne le font ; & c'eft une chofe qui mérite d'être remarquée, que leurs voûtes font peu élevées pour leur étendue ; ou ce qui eft la même chofe, que leur hauteur eft dans une affez petit rapport avec leur largeur. Dans l'Eglife de faint Pierre de Rome, on remarque l'effet contraire ; cette Bafilique quand on y entre, ne paroît pas, à beaucoup près, avoir l'immenfité qu'on y reconnoît, quand on paffe quelque temps à en confidérer l'intérieur ; & dans cette Eglife en général, la hauteur de toutes les parties, eft bien plus confidérable, par rapport à leurs largeurs, que ne le font celles des trois Eglifes dont nous venons de parler. D'après ces deux obfervations que je viens de rapporter, il femble évident que pour faire paroître l'intérieur d'une Eglife très-vafte, il faut en général bien prendre garde à donner trop de hauteur aux nefs, ou aux autres parties de l'intérieur , par rapport à leur largeur. Ces rapports cependant de hauteur & de largeur des intérieurs , pour les faire paroître vaftes , ne font pas les mêmes dans tous les fyftêmes de décorations qu'on peut employer.

Si une nef étoit formée par des arcades, par exemple, & que les pieds droits qui féparent les arcades fuffent dans une très-grande proportion avec les ouvertures, il faudroit certainement faire cette nef plus baffe, que fi elle étoit décorée par des colonnes affez efpacées ; parce que dans le premier cas, l'œil borné par les maffifs confidérables, qui féparent les arcades, ne compareroit, pour ainfi dire, que la largeur réelle de la nef avec fa hauteur ; & que dans le fecond, l'œil découvrant au travers des entre-colonnes très-larges, un grand efpace des bas côtés, compareroit toute cette étendue qu'il découvriroit, avec la hauteur de la nef: & la largeur dans ce dernier cas lui paroîtroit beaucoup plus confidérable par rapport à la hauteur. C'eft vraifemblablement par une fuite de cette comparaifon que le Spectateur, fait fans s'en appercevoir, de tout l'efpace qu'il découvre en

largeur dans une Eglife, avec tout l'ef
pace qu'il découvre en hauteur ; que le
nefs gotiques, quoique très-élevées, n
le paroiffent pas trop ; parce qu'étant fou
tenues par des colonnes d'un diametr
peu confidérable, par rapport aux vui
des qui les féparent, elles laiffent voi
une grande partie de l'étendue, ou d
vuide des bas côtes. C'eft fans doute en
core par la même raifon que la Chapell
de Verfailles, décorée de colonnes, n
paroît pas, à beaucoup près, auffi étroit
qu'elle l'eft réellement, & qu'elle paroî
plus large en haut qu'en bas, ce qu
eft une fuite de la différente décoration
de la partie fupérieure & de l'inférieure
& eft une preuve de ce que nous avan
çons.

Le rapport de la grandeur des parties
comme des colonnes, des entre-colonnes, des pieds droits, ou des arcades,
avec les dimentions d'une nef, ou de toute l'Eglife, influeroit fans doute auffi confidérablement pour la faire paroître plus
vafte ou moins étendue qu'elle ne l'eft ;
mais il eft très-difficile de découvrir
quels font précifément, ou même à peu
près, les rapports des parties au tout,

qui donneroient en général à un intérieur
la propriété de paroître vaste : on ne peut
hafarder de donner rien de précis là-
deffus, fans être auparavant en état de
le conftater par un plus grand nombre
d'obfervations que nous ne le pourrions
faire. Les difpofitions des Eglifes de
fainte Genevieve & de la Magdelaine,
qui font à peu près de la même grandeur,
& décorées toutes deux avec des colonnes, différant cependant effentiellement
entre elles, nous donneront, peut-être,
quelques lumieres fur cette partie Meta-
phyfique, & très-intéreffante de l'Architecture : en attendant que le Public
foit en état de faire ces obfervations,
nous dirons quelque chofe de la décoration générale de ces deux Eglifes, & de
celle de la Chapelle de Verfailles, qui
font toutes du même genre.

ARTICLE IV.

De la disposition des Eglises en France, depuis la fin du siécle de Louis XIV, jusqu'à la construction de Sainte Genevieve & de la Madelaine.

LA période que nous allons parcourir, qui n'embrasse pas un siécle, & dans laquelle l'Europe n'offre d'édifices sacrés, remarquables par leur singularité, que ceux qui ont été élevés en France, n'en est cependant pas moins digne de notre curiosité que les précédentes. Ce n'est pas le tableau général de la disposition de toutes les Eglises, peu varié par la similitude du plus grand nombre de ces édifices, que nous présentons; celui que nous offrons, moins étendu, n'en devient que plus piquant; nous continuons d'observer la suite des pensées nouvelles & heureuses, que d'habiles Architectes ont eu sur leur disposition.

Depuis la fin du siécle de Louis XIV, la France semble se frayer une nouvelle route dans l'art de disposer & d'orner leur intérieur. La Chapelle de Versailles en a été le premier essai. Mansart, dans sa partie inférieure, fit usage de cette décoration froide & pésante des portiques qui, enrichis, font l'ordonnance de la plûpart des Eglises modernes. Dans la partie supérieure, où le Roi, au milieu de toute sa Cour, assiste au Service Divin ; il employa l'Architecture grecque dans toute sa magnificence. Imiterons-nous l'une ou l'autre de ces décorations dans nos édifices sacrés ? La différence que l'Architecte célébre que nous venons de nommer mit entre leur usage, nous montre comment il avoit décidé cette question. Elle l'est encore, & par l'accueil qu'a reçu du Public un Livre (1) plein

______

(1) Un Livre : on sent bien que je veux parler ici de celui de M. l'Abbé Laugier, il mérite sans doute de très-grands éloges, quoiqu'il me paroisse qu'il contienne plusieurs choses qui ne semblent pas parfaitement d'accord avec les principes excellens que cet Auteur donne au commencement de cet Ouvrage. On a de la peine, par exemple, à concilier ce qu'il dit, de la simplicité qu'on doit rechercher dans l'Architecture, avec les colonnes accomplies qu'il suppose dans son Eglise, & avec les deux ordres qu'il met l'un au-dessus de l'autre ; de maniere qu'on compteroit quatre colonnes depuis le pavé jusqu'à la voûte, qui deviendroient nécessairement petites ; au lieu qu'il n'en faudroit qu'une seule. Cette faute me paroît plus de la nature de celles qu'on peut re-

de vues grandes & faines fur l'Architecture, qui a pour but de faire adopter les colonades dans ces édifices, & par le choix très-applaudi que le Roi a fait des nouvelles Eglifes compofées fur le même fyftême.

Voici vraifemblablement l'origine de ce nouveau genre de décoration pour nos Eglifes.

De la Chapelle de Verfailles.

Avant la conftruction du Périftyle du Louvre, on n'avoit pas encore en France ofé employer les ordres grecs avec autant de grandeur & de magnificence

procher à M. l'Abbé Laugier, que quelques autres qui lui font échappées fur la conftruction, & qui font bien excufables à un homme de Lettres. Il a paru auffi dans les Journaux de Trévoux des années 1758 & fuivantes, fur les Temples des Anciens & nos Eglifes, quelques Lettres très-détaillées & très-intéreffantes, c'eft ce qui m'a porté à ne dire de Sainte Sophie, dont elles traitent, que ce que j'en avois écrit avant qu'elles paruffent dans le Difcours fur l'Hiftoire de l'Architecture, qui eft à la tête de mon Livre des ruines de la Grece, & qui contient en quelque forte l'abregé d'une partie de celui - ci ; & c'eft auffi ce qui m'a déterminé à ne rapporter fur l'Hiftoire de Saint Pierre & de Sainte Marie des Fleurs, qui eft détaillée dans ces Lettres, d'après Bonanny & d'autres Auteurs, que ce qui étoit abfolument néceffaire au plan que je me fuis tracé.

qu'on le fit dans cette façade. L'exécution qui en avoit été regardée comme impoffible, mais qui n'empêcha pas Louis XIV, qui aimoit les grandes chofes, d'ordonner qu'on l'entreprît, réuffit avec le plus grand fuccès; & la confiance que ce Prince avoit eue dans les reffources que Perault trouveroit dans fon génie, ne fut point trompée. Cette tentative heureufe excita peut-être le génie ardent de Manfart, il voulut fuivre, pour la décoration de l'intérieur de la Chapelle de Verfailles, une maniere toute différente de celle qu'il avoit prife pour décorer le Dôme des Invalides; il fubftitua dans l'intérieur de cette Chapelle, aux pilliers maffifs & lourds des arcades, qu'on employoit ordinairement dans la décoration des Eglifes, de légeres & fuperbes colonnes corinthiennes, & y appliqua la majeftueufe décoration que Perault avoit exécutée auparavant au frontifpice du Louvre. Manfart même ofa encore plus que Pérault n'avoit ofé, & fit foutenir à fes colonnes la retombée des voûtes très-hautes de fa Chapelle, & le poids immenfe des combles qui les couvroient. Ce premier pas eft fans doute un grand effort de génie, mais il y avoit encore bien loin de l'art d'employer des colonnes dans une Chapelle très-étroite, dont le plan formoit à peu-près un paralellogramme, à celui de faire de ces colonnades, un fyftême général de décoration, applicable aux Eglifes les plus magnifiques, & fufceptible de s'allier même avec les coupoles qu'on voit à leur centre : c'eft ce que deux Architectes habiles entreprennent de nos jours d'exécuter dans les deux nouvelles Eglifes qu'on conftruit à Paris.

Des Eglifes de Sainte Genevieve & de la Madelaine.

Les plans de ces Eglifes font fi répandus, que nous n'en donnerons pas ici une defcription détaillée, nous nous bornerons feulement à expofer comment les Architectes qui les bâtiffent, paroiffent avoir été conduits à leur donner la décoration que nous leur voyons, ce qu'elles ont de commun & qui les diftingue des autres édifices facrés qui ont été conftruits auparavant, les beautés qui nous paroiffent devoir réfulter du fpectacle nouveau qu'offrira leur intérieur, & les différences essentielles qu'elles ont entre elles.

Quelques réflexions sur l'origine & les progrès des Arts, suffisent pour faire connoître que les hommes réuslissent avec le tems à tirer le plus grand parti de tout ce qui les environne. Les Egyptiens découvrent dans les montagnes qui bornent l'Egypte des carrieres immenses de Granit & de marbre, & ils parviennent avec le tems à en tirer des blocs d'une grandeur prodigieuse ; les ruines de leurs édifices caufent encore à cet égard la plus grande furprife aux voyageurs, ainfi que leurs Obélifques qui embéliffent les Places de Rome.

Si les marbres que les Grecs trouvoient à Paros, dans le Mont Pentilique, & en d'autres lieux, ne formoient pas des maffes énormes, leur pays leur offroit cependant affez de reffources pour qu'ils n'euffent pas befoin d'étudier beaucoup ce qu'on appelle en Architecture l'art du trait ; & les Romains, par l'excellence du ciment qui leur fervoit à former leurs voûtes, n'eurent pas befoin non plus de l'étudier à fond ; enfin les recherches les

plus profondes sur cet Art, étoient ré-
servées aux Peuples du Nord : les Gots
doivent à la petitesse des pierres qu'ils
ont employées, & à la hardiesse qu'ils se
sont efforcés de faire paroître dans leurs
édifices, la gloire de l'avoir porté à un
très-haut dégré de perfection. Ce mérite
des édifices gotiques, peu apperçu à travers le mauvais qui regne en général dans
toute leur Architecture, ne commence à
être bien connu & bien développé, que
depuis peu de tems : ce n'est que depuis
quelques années qu'on s'attache à étudier
tout le merveilleux de leurs constructions.
Les voûtes des nefs de leurs Eglises sont
plus élevées, & ont en général moins de
poussé que les nôtres ; elles sont aussi
beaucoup plus légeres ; celle de l'Eglise
de Notre-Dame n'ayant pas plus de six
pouces d'épaisseur, tandis que celle de la
voûte de Saint Sulpice est presque trois
fois plus considérable ; d'où il suit, que
la grosseur des masses qui soutiennent
une voûte, devant être, en raison de son
poids & de sa poussée ; les voûtes gotiques ne demandent pas des piliers si gros
pour les soutenir, que celles qui seroient
construites sur le modele de nos Eglises
modernes.

D'après cette obſervation générale , qui a été faite par les Architectes qui ont occaſion de bâtir à Paris les nouvelles Egliſes de Sainte Genevieve & de la Madelaine, & d'après les exemples qu'ils ont ſous les yeux dans le Périſtyle du Louvre & la Chapelle de Verſailles , de la grandeur des plattes-bandes qu'on peut exécuter avec ſûreté , ils ont formé un nouveau ſyſtême de décoations pour l'intérieur de nos édifices ſacrés.

En diminuant conſidérablement l'épaiſſeur qu'on avoit coutume de donner aux voûtes de nos Egliſes modernes , en calculant les efforts & les poids de celles qu'ils projettent d'exécuter , en faiſant les recherches les plus étendues , ſur les matieres les plus réſiſtantes & en même-temps les plus légeres , avec leſquels ils peuvent les conſtruire ; ils ont reconnu qu'ils pouvoient diminuer conſidérablement la groſſeur des piliers qui ſoutiennent les voûtes. Ils ont vu encore que le poids & la pouſſée de ces voûtes n'étant pas le même dans toutes les parties de l'égliſe, il ſuffiſoit qu'ils diſtribuaſſent à leur centre ou à la croiſée de leurs nefs , quelques maſſifs pour en ſoutenir les plus grands efforts; & ils les ont fait auffi les plus petits qu'ils ont pu, & de la forme qui nuit le moins au dégagement de l'intérieur : enfin ayant formé les divifions générales de leurs églifes par des files de colonnes, ils y exécutent dans toute leur étendue, les ordres Grecs avec une très-grande magnificence.

Si ces ordres font employés avec plus d'art, dans les deux nouvelles Eglifes, qu'on ne l'avoit fait jufqu'à préfent, il faut avouer cependant que ce n'eft pas la premiere fois qu'on les voit paroître dans les édifices ; les plus grands Temples des Anciens étoient ornés de colonnades en dedans, & c'étoient auffi des files de colonnes qui formoient les grandes divifions dans l'intérieur des Bafiliques ; mais la maniere dont ces colonnades étoient employées, mérite qu'on y faffe la plus grande attention. La plûpart des grands Temples des Anciens où il y avoit des colonnes, étoient découverts, & ces colonnades intérieures n'offroient pas plus de difficulté à exécuter, que les périftyles qui en ornoient les dehors ; fi d'une autre part nous examinons les plus anciennes Bafiliques chrétiennes, ou celles qu'on voit encore à Rome,

Rome , on y remarque que les files de colonnes qui en formoient les divisions générales , avoient de grands murs droits qui s'élevoient perpendiculairement de deffus leur entablement , & qui portant des plafonds quarrés de la maniere la plus naturelle , n'avoient point à foutenir les efforts d'une voûte. Enfin dans les Temples , ou les Bafiliques des Anciens , où en a fait porter des voûtes fur des files de colonnes , ces voûtes étoient peu confidérables , & ne préfentoient en général , comme la Chapelle de Verfailles , qu'un berceau terminé par un cul-de-four.

La difficulté en effet d'employer les colonnes d'une maniere très - générale dans les Eglifes , paroît fi grande , qu'Anthemius , pour mettre Sainte Sophie à l'abri des incendies , ayant été forcé d'y fupprimer les piéces de bois des plafonds en ufage dans les premieres Bafiliques chrétiennes , y fupprima auffi les grandes files de colonnes qui formoient les divifions de leur intérieur ; & obligé de chercher pour les voûtes qui couvroient fon édifice , des appuis plus confidérables , il n'y mit de colonnes que celles qu'il put placer entre les grands maffifs qu'il fut contraint d'y conftruire. Bramente mit auffi des colonnes dans le projet qu'il fit pour Saint Pierre ; mais ces colonnes qui terminoient trois des bras de la croix de fon Eglife, étoient placées de même entre des maffifs. Ajoutons qu'on n'en voit aucunes ifolées dans l'Eglife de Saint Paul de Londres, & que celles qu'on remarque dans le Dôme des Invalides, y font peu effentielles, & ne fervent qu'à la décoration. Enfin la forme de croix qui s'eft établie & perfectionnée peu à peu dans les édifices facrés, les maffifs néceffaires pour foutenir les Dômes qui font à leur centre, fembloit par l'impoffibilité apparente d'y conferver toutes ces chofes, en y employant les colonnes, les avoir pour jamais bannis de nos édifices. Nous allons les y voir reparoître, & nous ofons préfager la réuffite de l'effet général qu'elles y produiront. Nous ne répéterons pas pour appuyer notre fentiment, ce que nous avons déja dit de la beauté qui naît de l'emploi des périftyles en général ; nous nous contenterons d'y renvoyer, mais nous ajouterons ici quelques réflexions nouvelles fur ce fujet.

De tous les corps ifolés qu'on peut employer en architecture , pour former des décorations, les colonnes font ceux qui avec la même folidité & la même diftance entre eux , laiffent dans tous les afpects le plus d'échapée à la vue. Qu'on fuppofe par exemple , qu'une nef ait un de fes côtés formé par des pilaftres ifolés, & l'autre par des colonnes auffi ifolées , & que les entre-pilaftres & les entre-colonnes foient égaux , fi on fe place d'abord en face d'un entre-colonne & enfuite vis-à-vis d'un entre-pilaftre , on découvrira à peu près autant d'objets entre les pilaftres qu'entre les colonnes ; mais fi on fuppofe que fe plaçant dans le milieu de la nef, on obferve à droite ou à gauche la file de pilaftre, ou la file de colonnes , le dernier cas différera beaucoup du premier; les entre-colonnes & les entre-pilaftres , diminueront naturellement par une fuite de la pofition du Spectateur qui les voit de côté ; mais de plus, comme les pilaftres préfenteront leurs diagonales au Spectateur, au lieu d'offrir leurs faces, leurs intervales diminueront dans un bien plus grand rapport que ceux des colonnes, & dans le cas précifément où il feroit à defirer qu'ils augmentaffent, pour laiffer plus d'échapées à la vue. Ce que nous venons de dire par rapport aux pilaftres, fubfifte de même par rapport aux pieds droits des arcades.

On voit par ce paralelle du percé, qui réfulte de différens corps ifolés, qu'on peut employer dans la décoration des nefs, que les colonnes, les plus agréables de ces corps par leurs formes, font auffi les plus avantageufes pour les perces qu'elles produifent, & d'où réfulte une des plus grandes beautés que l'Architecture puiffe nous offrir. Si ce que nous avons dit de la variété qui en réfulte dans les intérieurs, fi l'effet heureux que font les piliers ronds & mal décorés de quelques Eglifes gotiques, ne pouvoient pas nous en donner une idée ; tâchons de nous la former d'après un fuperbe périftyle qu'on voit à Paris : promenons-nous le long du Portail de Saint Sulpice, entre cette façade & l'édifice qui en borne la vue, & par conféquent auffi près des files de colonnes qui la forment, qu'on le fera de celles qui ornent les intérieurs de Sainte Genevieve & de la Magdelaine ; quelle magnificence ne préfentera pas le deffous de ce périftyle , quand on verra à travers les intervalles que laiffent entr'elles les colonnes ; les niches , les bas-reliefs , les plafonds qui le décorent ; & quand on verra à chaque pas qu'on fera , cette décoration fe mouvoir en quelque forte, & produire une infinité de tableaux très-variés & très-agréables.

Ce tableau n'eft que l'image foible de celui que nous offrira l'intérieur des deux Eglifes dont nous parlons ; on voit fur leurs plans, que le Spectateur découvrira tout leur intérieur à la fois , dans quelque lieu qu'on fuppofe qu'il foit fitué , & que les colonnes, à chaque pas qu'il fera, couvriront fucceffivement différens efpaces de la décoration de l'Eglife. Ce changement de tableau fe fera non-feulement par rapport aux colonnes qui feront très-près du Spectateur, mais même par rapport à toutes celles qu'il appercevra ; & fi la lumiere anime la décoration intérieure de ces Edifices, j'ofe dire qu'il en réfultera un fpectacle enchanteur, dont nous ne pouvons nous former que de foibles idées.

Les colonnes du frontifpice de cette

Eglise, qui doivent monter depuis le pavé jusqu'à leurs combles, nous paroissent devoir faire encore un effet heureux dans l'exécution ; & cet effet qu'on voit dans la plûpart des Temples antiques, est si connu, que les plus célebres Architectes modernes ont tâché de le produire dans leurs ouvrages. Michel Ange, le plus grand des Artistes de la Nation, à qui nous devons la renaissance des Arts, avoit mis dans le plan qu'il avoit fait pour saint Pierre de Rome, quatorze colonnes très-colossales & formant peristyle, au portail qui devoit y être fait sur ces desseins.

Après avoir rapporté les avantages que les nouvelles Eglises paroissent avoir en commun, en ce qui regarde la décoration générale de leur intérieur, & en quoi elles se rapprochent par leur disposition ; l'ordre que nous avons suivi dans cet ouvrage, nous oblige en quelque sorte de faire sentir les différences qui sont entre elles. Les plus générales sont celles-ci ; l'Eglise de sainte Genevieve forme une Croix grecque par son plan, & celle de la Magdelaine forme une Croix latine. La partie du milieu de

la premiere eſt la plus vaſte de tout l'intérieur ; & celle de la Magdelaine ne
conſerve que la largeur de la nef : mais
auſſi elle eſt environnée d'un vuide aſſez
conſidérable , & conſacrée uniquement
à faire dans cette Egliſe l'Office du Bal-
daquin. Les quatre bras de la Croix grecque de ſainte Genevieve , ſeront couverts
par quatre coupoles inférieures à celles
du milieu , & qui embelliront beaucoup
ſa voûte ; la Magdelaine qui n'en aura
pas de ſemblables , aura huit grands arcs
qui couvriront la partie qui tourne autour
du Sanctuaire de cette Egliſe. L'avant
corps du Portail de la Magdelaine n'aura
que quatre colonnes qui n'occuperont
que la largeur de la nef ; celui de ſainte
Genevieve en aura ſix qui embraſſeront
la largeur de tout le corps de l'Egliſe.

Ces différences, plus conſidérables qu'on
ne devoit naturellement l'attendre dans
deux Egliſes compoſées ſur le même ſyſtême, & dont l'une n'a été commencée
que peu d'années après l'autre, y produiront peut-être des effets qui nous ſur-
prendront d'autant plus qu'ils ſeront nouveaux pour nous ; & ces effets peut-être
y ſeront plus heureux , ou moins agréables.

Je ne hafarderai pas de porter aucun jugement en faveur de l'une ou l'autre de ces Eglifes avant qu'elles foient exécutées. C'eft au Public à prononcer entre deux Artiftes qui ont obtenu fon eftime ; mais je ne craindrai point de dire qu'elles me femblent dignes de toute fon attention. Si le fyftême qu'on y fuit d'employer les colonnes de la maniere la plus générale dans les Eglifes, réuffit, comme tout femble le faire préfumer, elles pourroient donner à notre Nation un rang affez confidérable entre celles qui ont excellé dans l'Architecture. En effet, aucun Prince vraifemblablement n'entreprendra de faire une Eglife qui furpaffe par fon immenfité celle de S. Pierre de Rome ; mais il n'eft peut-être pas impoffible d'en imaginer quelques-unes qui lui foient fupérieures par leur difpofition, ou par le genre de leur décoration. Les Grecs n'ont employé que cette voie pour fe diftinguer des Peuples qui les avoient précédés dans la connoiffance des Arts. Ils n'ont pas donné en général autant d'étendue que les Egyptiens à leurs Edifices. Cependant la difpofition & la décoration des Temples des Grecs, ont été trouvées fi

heureufes

heureuſes par les Romains qu'ils les ont imités ; & les ornemens qui les déco-roient , ſont encore reproduits dans nos Edifices : ceux de l'Egypte au contraire, & leurs ornemens, ſont à peine vus par un petit nombre de Curieux dans les Li-vres rares de quelques Voyageurs.

L'occaſion favorable , dans ce mo-ment où le Roi donne une marque ſi-gnalée de la protection qu'il accorde à l'Architecture, n'eſt pas le ſeul motif qui m'a déterminé à parler de ſainte Gene-vieve & de la Magdelaine ; j'aurois ſans doute gardé le ſilence ſi j'en avois penſé d'une maniere peu avantageuſe ; mais je n'ai pu réſiſter à l'envie de donner à deux de mes Confreres , un témoignage public des raiſons qui me portent à concevoir la plus grande eſpérance de la réuſſite de ces deux Egliſes.

F I N.

G

APPROBATION.

J'Ai examiné par ordre de Monfeigneur le Vice-Chancelier un Manufcrit intitulé : *Hiftoire de la Difpofition & des Formes différentes qu'on a données aux Temples depuis Conftantin le Grand jufqu'à nous ;* & je crois que le Public verra cet Ouvrage avec plaifir. A Paris, ce 11 Août 1764. DÉPARCIEUX.

E R R A T A.

PAGE 4, ligne 16, *des Temples ronds*, lifez *de Temples ronds.*

Page 6, ligne 23, *nous éviterons*, lifez *nous évitera.*

Page 8, ligne 22, *ils firent*, lifez *ils furent.*

Page 13, 14, 15 & 16, tout ce qui eſt marqué avec des guillemets, eſt tiré de mon livre des Ruines de la Grece.

Page 43, en note, *qui pouvoient les endommager*, lifez *pouvoient les endommager.*

Page 48, derniere ligne, *avoient-ils*, lifez *auroient-ils.*

Page 60, ligne 6, *interales*, lifez *intervalles.*

Page 62, ligne 24, *intérieures*, lifez *intérieurs.*

Page 63, ligne 22 & ailleurs, *pilliers*, lifez *piliers.*

Page 65, ligne 2, *connoître*, lifez *commettre.*

Page 67, ligne 26, *aidé*, lifez *aidée.*

Page 73, en note, ligne 9, *les colonnes accomplies*, lifez *les colonnes accouplées.*

Basilique ancienne.
Première Basilique chrétienne.
Sainte Sophie.
Saint Marc de Venise.
Sainte Marie des Fleurs à Florence.
Eglise des Augustins à Rome.
Projet de Saint Pierre de Rome de Bramante.
Saint Pierre de Rome.
Saint Paul de Londres.
Dôme des Invalides.
Chapelle de Versailles.
Sainte Geneviève.
La Magdeleine.
Plan des Eglises les plus remarquables, bâties depuis l'an 320. jusqu'en
1764. Ces Eglises sont cotées par des chiffres, selon leur rang d'ancienneté:
les Echelles mises au bas de leur plan font juger de leur grandeur.
Echelle de
Echelle de
Gravé par De Seyne.